ORF
RADIO STEIERMARK

STEIRISCHE SCHMANKERL UND G´SUNDE KÖSTLICHKEITEN

NORKA ZEITUNGSVERLAG GES.M.B.H.

ABKÜRZUNGEN UND ERKLÄRUNGEN

Um unsere Rezepte auch wirklich nachkochen zu können, hier einige Erklärungen von Abkürzungen:

EL.....	Esslöffel
TL.....	Teelöffel
St......	Stück
g.......	Gramm
kg......	Kilogramm
ccm...	Kubikzentimeter
l.........	Liter
dl.......	Deziliter
Frivissa......	Pflanzenfett zum Herausbacken bei hohen Temperaturen
Maizena.....	Eindickungsmittel
Maggi.........	Würzflüssigkeit
Kcal............	Kilokalorien
BE.............	Broteinheiten (für Diabetiker)
in Flaschen ziehen..	in Flaschen abfüllen
verlesen.......	von Verunreinigungen und Verdorbenem gesäubert
Haarsieb.....	besonders feines Sieb
Germ...........	Hefe
Mus.............	zerdrückte, feinpassierte Früchte
abseihen......	nur die Flüssigkeit gewinnen
reduzieren....	Flüssigkeit einkochen
Malaga.........	süßer, spanischer Wein
Chaudeau....	Wein- oder Eiercreme
Cornflakes...	Getreideflocken
Oblaten........	hauchdünner, gebackener Teig

IMPRESSUM:

Herausgeber: NORKA ZEITUNGSVERLAG GES.M.B.H. 3403 Klosterneuburg, Wiener Straße 106, Tel.: 02243/28 518 Fax: 02243/25 082, ORF Landesstudio Steiermark, 8042 Graz, Marburger Straße 20

Medieninhaber u. Verleger: NORKA ZEITUNGSVERLAG GES.M.B.H.

Rezepte: Gertrude Kreipel

Redaktionelle Koordination: Mag. Eva Fialik-Fritsch

Layout: together communication Franz Kern, A-2201 Seyring, Wotzygasse 3, Tel & Fax: 02246/80 349

Fotos: Ernest Richter.

Repro: Andrea Pokorny Ges.m.b.H. 2500 Baden

Druck: Carinthia-Bogendruck GmbH. und Co. KG. 9020 Klagenfurt

Verlags- und Herstellungsort: Klosterneuburg

VORSPEISEN

HAUPTSPEISEN

NACHSPEISEN

... UND G'SUNDE KÖSTLICHKEITEN

KOCHEN MIT BEEREN

KOCHEN MIT FRÜCHTEN

KOCHEN MIT KRÄUTERN

KOCHEN MIT PFLANZEN

Steirische Schmankerl
und g'sunde Köstlichkeiten

Dieses Buch hat sich den regionalen Köstlichkeiten der grünen Steiermark verschrieben. Kürbisse, Äpfel, Schweinefleisch, Schilcher, Kukuruz und Kürbiskernöl sind nur einige der Produkte, die im Süden Österreichs besonders reichlich vorkommen und deshalb oft auf dem Speiseplan stehen.

Die gebürtige Wienerin Gertrude Kreipel führte viele Jahre lang ein Gasthaus. Nach einem Unfall war es ihr nicht mehr möglich, tagtäglich selbst in der Küche zu stehen und ihre Gäste zu bekochen. In dieser Zeit beschäftigte sie sich intensiv mit dem Sammeln von Rezepten und dem Archivieren von alten, traditionellen Kochbüchern und handschriftlichen Aufzeichnungen von Speisen aus ganz Österreich. Besonders viele Rezepte besitzt die ehemalige Wirtin aus der Steiermark.

Ein Schwerpunkt ihrer Küche ist die sogenannte gesunde, "grüne" Ernährung, mit deren Hilfe sie selbst wieder fit wurde. Die Speisen und Getränke aus Beeren, Früchten, Kräutern und Pflanzen erfreuten sich nicht nur in ihrer Familie großer Beliebtheit, sondern auch bei Freunden und Nachbarn. Aufstriche, Liköre, Marmeladen, Schnäpse und Hausmittel gegen Husten und andere Wehwehchen waren bald so begehrt, dass sich Frau Kreipel dazu entschloss, ihre Produkte auf Bauern- und Adventmärkten zu verkaufen.

Auch der ORF wurde auf die tollen Rezepte der rührigen Köchin aufmerksam und veröffentlichte viele. Gemeinsam mit dem NORKA-Verlag enstand nun dieses Buch, das von der ORF-Mitarbeiterin Eva Fritsch zusammengestellt wurde und sich auf die regionalen Schmankerl der Steiermark konzentriert.

Viel Spass beim Schmökern und Nachkochen wünscht Ihnen

Eva Fritsch

STEIRISCHE SCHMANKERL

Vorspeisen

Da meine Großmutter mit meiner Mutter, die damals sieben Jahre alt war, die Kriegsjahre 1914-1918 zum Teil in der Steiermark verbrachte, habe ich die meisten der folgenden Rezepte von ihr übernommen, die sie in dieser Zeit aufzeichnete. Interessant ist auch Folgendes: Um fremden Soldaten, sowie auch Plünderern nichts Essbares geben zu müssen, wurden viele Dinge in Schmalz eingegossen und an bestimmten Stellen im Garten vergraben. Daher auch einige Rezepte, nach denen auch ich noch Gemüse und Fleisch konserviere.
Vor allem aber erkläre ich einige Pilzrezepte, die in der waldreichen Steiermark ein billiges Zubrot in der großen Not waren. Meine Großmutter lebte damals in Vornholz, einer Alm bei Waldbach in der Oststeiermark.

Zuerst ein paar Brotaufstriche aus gemischten Pilzen:

Pilzaufstrich 1

Verschiedene genießbare Pilze werden gedünstet und faschiert. Ebenso treibt man einen entgräteten Hering oder anderen Fisch durch den Fleischwolf, vermengt sie mit geschnittener Zwiebel, verrührt Mehl mit Milch oder Wasser und mischt alles durcheinander, gibt Pfeffer und Salz dazu und kocht alles im Wasserbad eine Viertelstunde lang. Sie haben nachher einen vorzüglichen Brotaufstrich.

Pilzaufstrich 2

Die Pilze werden gedünstet. Dann kocht man ein Stück Kohlrübe, wiegt eine Zwiebel und eine Salatgurke fein, gibt Salz und etwas Essig dazu, zerdrückt alles mit einer Gabel, mischt es gut durch und fertig ist der köstliche Aufstrich.

Pilzaufstrich 3

Foto: Seite 10

Gedünstete Pilze, 2 Eier, 2 EL Mehl, Schnittlauch, Salz und Pfeffer werden gut miteinander verrührt. Hierauf zerlässt man in einer Pfanne, Speck, schüttet die Masse hinein und lässt sie unter ständigem Rühren dick werden. Vorsicht, dass nichts anbrennt! Man kann die Masse kalt oder warm aufs Brot streichen und wird sich über den feinen Geschmack freuen!

Pilzaufstrich 4

Man dünstet Pilze, lässt die Brühe mit etwas gebräuntem Mehl aufkochen, fügt Butter und Salz hinzu und verwendet die erkaltete Masse als Brotaufstrich.

Gefüllte Gurken

Foto: Seite 12

Zutaten:
2 schlanke Glashausgurken, deren Schale man essen kann, 1 Bund Radieschen und etwas Topfenmayonnaise (siehe Rezept).

Die Gurken der Länge nach halbieren und auskratzen, bis nur mehr 1 cm Fruchtfleisch in der Schale übrig ist. Das Gurkenfleisch ausdrücken und im Mixer pürieren. Den Saft durch ein Leinentuch oder einen Kaffeefilter ablaufen lassen und das nun kompakte Püree vorsichtig unter die Mayonnaise heben. Das ganze mit Knoblauch, Salz und Pfeffer nachwürzen. Mit einem Dressiersack in die ausgehöhlten Gurken füllen und mit dünnen Radieschenscheiben garnieren. Dazu gibt man getoastetes Brot.

Topfenmayonnaise

1/8 kg Topfen passieren, mit 2 El Milch, 1 Eidotter, Salz, etwas Zucker, Zitronensaft, 3 EL Öl, gehackte Petersilie, fein geschnittenen Schnittlauch und Kapern cremig rühren und wenn notwendig mit etwas Milch verdünnen. Diese Mayonnaise verwende ich schon seit Jahren, sie ist kalorienärmer als gekaufte und schmeckte immer allen meinen Gästen.

Bierkäse aus Knittelfeld

Dazu brauchen Sie:
300 g Quargel, 100g Butter, Kümmel und Paprikapulver nach Geschmack und einen Schuss Bier.

Den passierten Quargel mit der Butter vermischen, mit Kümmel und Paprikapulver abschmecken und mit etwas hellem Bier zu einer cremigen Konsistenz mit dem Handmixer vermischen.

Salatplatte mit Kürbiskernöl

Zutaten:
1 Knackwurst, 1 Bund Radieschen, 1 große, rote Zwiebel, 1 grüner Paprika, 1 grüner Salat, 2 große, harte Tomaten, 1 TL Kürbiskernöl, Zucker und Essig.

Auf einer Vorlegeplatte den geputzten, gewaschenen, gut abgetropften, grünen Salat so auflegen, dass die Platte ganz bedeckt ist. Nun die gewaschenen, getrockneten Tomaten und Radieschen in Scheiben schneiden, ebenso die Knackwurst. Man beginnt mit einer Reihe Tomaten, die man auflegt, dann folgt eine Reihe Wurst und eine Radieschen. Wenn alles locker aufgelegt ist, die Zwiebel und den Paprika nudelig schneiden und über den Salat verteilen. Aus Zucker, Essig und Wasser eine Marinade bereiten. Das Kürbiskernöl über den Salat träufeln, mit der Marinade begießen und mit Schwarzbrot servieren. Ich gebe weder Salz noch Pfeffer zum Salat, damit der Eigengeschmack des Öls erhalten bleibt.

Steirischer Aufstrich

200 g Topfen werden mit einem kleinen Stückchen auf einem Reibeisen geriebener Sellerieknolle, Salz, Pfeffer nach Geschmack, einer Messerspitze Paprika und 1/8 l Sauerrahm zu einer cremigen Masse abgerührt. Dieser Aufstrich wird dick aufs Brot gestrichen und reichlich mit gehacktem Schnittlauch bestreut.

Nun eine Suppe, die auch als Hauptmahlzeit gegessen werden kann:

Steirische Klachelsuppe

Foto: Seite 14

Zutaten:
1 Sauschädel, 4 Schweinshaxen, Salz, Wasser, 1 Lorbeerblatt, etwas Thymian und Majoran, 5 Pfefferkörner, 5 Wacholderbeeren, Kümmel, 1 großen Bund Wurzelwerk, 1 Zwiebel, 1 Spritzer Essig, 1/4 l Rahm, 2 EL Mehl, 1 EL Butter und Muskat zum Abschmecken.

Das Fleisch in gesalzenem Wasser mit dem Wurzelwerk, den Gewürzen und der Zwiebel sehr weich kochen. Sobald das Fleisch weich ist, herausnehmen und sofort von den Knochen lösen. Nach dem Überkühlen in Streifen schneiden. Die Suppe abseihen, das Gemüse pürieren, mit Mehl und Sauerrahm gut verrühren und in die Suppe einrühren. Aufkochen und mit Essig und Muskat abschmecken. Das Fleisch als Einlage beigeben und die Suppe mit Butter montieren.

Murauer Fastensuppe

Ca. 200 g kochfertiges, grätenloses Süßwasserfischfleisch wird gesalzen, leicht gepfeffert und in 50 g Butter oder Margarine kurz angeröstet. Danach streut man 4 hartgekochte, zerdrückte Eidotter über das Fischfleisch. Aus den Fischabfällen kocht man einen Fischfond. Drei Semmeln schneiden und mit 1 l heißem Fischfond übergießen und unter Umrühren kurz aufkochen. Zum Schluss mischt man die Fisch-Eidotter-Mischung darunter und lässt das Ganze noch einmal gemeinsam aufkochen. Vor dem Servieren mit Petersilie bestreuen.

Eine Suppe, die in der Steiermark und auch im Waldviertel besonders in der Fastenzeit gerne gegessen wird, ist die

Stosuppe

Zutaten:
1/2 l Wasser, 1/2 l saure Milch, Salz, Kümmel, 20-30 g Mehl (je nach gewünschter Konsistenz), 1/2 l Rahm und einige Kartoffeln.

Zuerst Wasser mit Salz und Kümmel zum Kochen bringen. Dann das Mehl und die saure Milch glattrühren und in das kochende Wasser einrühren. Aufkochen lassen und mit dem Schneebesen den Sauerrahm zufügen. Die roh geschälten, in Scheiben geschnittenen und in Salzwasser extra gekochten Erdäpfel dazugeben und mit Schwarzbrot servieren.

Steirische Schottsuppe

Zutaten:
200 g Schott (Topfen), 3 EL Rahm, ca. 1 l Wasser, Salz und Landbrotschnitten.

Den Topfen mit dem Sauerrahm verrühren, Salzwasser zum Kochen bringen und das Topfen-Sauerrahm-Gemisch einrühren und nochmals aufkochen lassen. Die fertige Suppe nun über die würfelig geschnittenen Brotstücke gießen und sofort servieren.

Aus der Stiftsküche von Vorau stammt der

Fastesalad

Zutaten:
1 Endiviensalat, 1 Apfel, 1 Birne, 1 Saladgurke.

Dies alles Gemüs und Frucht wert fein geschniebelt und mit einer Prise Salz und Pfeffer gewürzed. Aus den Samen des Kürbis (Kerne) reibe man im Mörser ein paar gegeneinander und verteil das allgewonnene Fett über den Salad. Mit dem Wiegemesser zerkleinere man ein gut Strauss Peterdill (Petersilie) und würze das ganze mit eichlich Rotwein, der sehr mild sein soll, ansonsten man ihn verwassern muss.

(Bitte das sind keine Schreibfehler, sondern das Original-Rezept aus alter Zeit!)

Pikanter Kürbis

1,5 kg gelben Gartenkürbis schälen, entkernen und in gleichmäßig große Würfel schneiden. In kochendem Wasser ca. 2 Minuten blanchieren und in Eiswasser abschrecken. Gut abtropfen lassen. Den Kürbis zusammen mit 3-4 TL Senfkörnern, 9 Lorbeerblättern und 2 TL Pfefferkörnern in die bereitgestellten Gläser füllen (etwa ein Fingerbreit vom Rand entfernt frei lassen).
3/4 l Weinessig mit 1/2 l Weißwein, 1 TL Salz und 3 EL Zucker aufkochen und noch heiß über die Kürbisse gießen. Alle Gläser sollten so mit Kürbissen gefüllt sein, dass diese vom Sud bedeckt sind. Die "Twist off"-Gläser verschließen und am Schraubverschluss stehend 24 Stunden ruhen lassen, ehe man sie an einem dunklen, kühlen Ort aufbewahrt.

Aus diesen eingelegten Kürbissen lassen sich dann herrliche Gerichte zaubern, etwa:

Pikanter Kürbis mit Käse

Foto: Seite 16

1 Glas pikante Kürbisse zu 1 Liter abtropfen lassen, 2 geschälte Zwiebeln in Ringe schneiden und in 2 EL Öl glasig dünsten. Diese in eine feuerfeste Form geben, darauf den Kürbis verteilen. Mit 300 g Blauschimmelkäse (Roquefort), den man in Scheiben schneidet, belegen und im vorgeheizten Backrohr nur bei Oberhitze ca. 8 Minuten gratinieren.
Als Beilage passen Salzkartoffeln und jede Art von Blattsalaten.

Einsiede - Kürbis

Man nehme die Kürbisse, die noch etwas hart sein müssen, schält sie ab und schneidet sie in kleine Würfel. Die Würfel werden in eine Schüssel gegeben und mit einer Mischung aus halb Wasser und halb Weinessig überschüttet, so dass sie ganz bedeckt sind. Nachdem man die Kürbisse zwei Tage lang stehen gelassen hat, seiht man selbe gut durch. Auf ein Kilo Frucht gibt man ebenso viel Zucker, lässt das Essigwasser mit dem Zucker kochen, gibt dann die Fruchtwürfel hinein, lässt sie halbweich kochen und wieder 24 Stunden lang stehen. Die Kürbisse werden dann herausgenommen, das übrige Essigwasser wird mit etwas Zimt und Gewürznelken gekocht, die Würfel werden noch einmal heineingelegt und wieder etwas gekocht. Dann seiht man sie ab und füllt sie in Gläser. Das Essigwasser wird noch solange gekocht, bis es dicklich wird. Dann wird es über den Kürbis gegossen und die Gläser werden verschlossen.

Eine gute Vorspeise für eine Kartenrunde ist mein

Blunz´nsalat

Foto: Seite 18

Je 200g Lyoner-Wurst und Blutwurst enthäuten und in feine Scheiben schneiden. In einer Schüssel gut vermischen und mit Pfeffer bestreuen. Je eine rote und eine weiße Zwiebel abschälen und in dünne Scheiben schneiden. Über die Wurst verteilen. Zudecken und an einem kühlen Ort rasten lassen. 10 gefüllte Oliven in dünne Scheiben schneiden, 2 Eier hartkochen, abschälen und das Eiweiß fein hacken. 100 g frische Champignons putzen und feinblättrig schneiden. Alles zu der gepfefferten Wurstmischung geben und gut durchmischen. Den gekochten Eidotter durch ein feines Haarsieb streichen und mit 2 EL Senf und 6 TL Öl verrühren. Mit 2 EL Essig und Salz abschmecken.
Diese Marinade über den Salat schütten und an einem kühlen Ort durchziehen lassen. 1 Bund Petersilie waschen, trocknen und fein wiegen. Über den Salat streuen und mit Eierachteln garnieren. Als Beilage reichen Sie dunkles Brot und ein Glas Bier.

Nun zwei Rezepte für heiße Tage, die jedes Gartenfest bereichern:

Kalte Tomatensuppe

4 altbackene Semmeln mit kochendem Wasser übergießen und 30 Minuten ziehen lassen.
600 g Fleischtomaten überbrühen, enthäuten und halbieren. Die Semmeln fest ausdrücken und zusammen mit den Tomaten, 3 Knoblauchzehen und 1/8 l feinem Öl im Mixer pürieren. Dann durch ein Sieb streichen. Mit Zitronensaft, Salz, Pfeffer und Oregano abschmecken. Mit Tomatensaft auf die gewünschte Konsistenz verlängern. 1 Bund Basilikum und 50 g Schinken pro Portion auf die angerichtete Suppe verteilen.

Kressekaltschale

1/2 l Weißwein mit 1/4 l Apfelsaft und dem Saft einer Zitrone vermischen und darin 1 EL Honig auflösen. 2 EL Maizena mit wenig kaltem Wasser anrühren und in die kochende Flüssigkeit gießen. Etwa 5 Minuten quellen lassen. 2 TL Obers mit einem Eidotter versprudeln und damit die Suppe legieren. Mit grünem Pfeffer würzen, 1 Handvoll Gartenkresse grob hacken und unter die Suppe mischen.
Kalt stellen und vor dem Servieren mit frischen Kresseblättchen garnieren.

Steirisches Köndlbrot mit Kürbiskernen

Man nehme:
1 EL Öl (am besten schmeckt Walnussöl), 1 TL Salz, 300 g griffiges Weizenmehl, 300 g grobes Weizenvollkornmehl, 3/16 l Wasser, 2 Pk. Trockengerm, 1TL Zucker, 30 g Kürbiskerne, 30 g Sonnenblumenkerne sowie Kürbiskerne zum Bestreuen, Fett für die Kastenform.

Öl, Mehl und Salz in eine große Schüssel geben. Das lauwarme Wasser mit der Germ und dem Zucker verrühren und darübergießen. Diese Zutaten zu einem weichen Teig verarbeiten, Kürbis- und Sonnenblumenkerne grob hacken und zum Schluss beigeben. Den Teig mit lauwarmem Wasser bepinseln und zugedeckt an einem nicht zu kalten Ort aufgehen lassen. Die Form mit Fett ausschmieren, den Teig hineingeben und mit den Kürbiskernen bestreuen. Nochmals an einem warmen Ort gehen lassen, dann mit Wasser bepinseln und goldgelb backen (bei 220 Grad). Das Schüsselchen mit Wasser im Backrohr nicht vergessen! Nach 30 Minuten nochmals überpinseln. Die Backzeit beträgt etwa 50 Minuten.

Steirisches Schottbrot

Dazu brauchen Sie:
1 EL Keimöl (Soja, Sonnenblumen, Mais), 1/2 TL Salz, 350g Weizenmehl, 3/16 l Milch, 20 g Germ (1 Pk. Trockengerm), 1 1/2 TL Honig, 80 g Topfen (für Diätbrot Magertopfen), 1 EL Milch zum Bepinseln, Margarine zum Einfetten.

Für den Germteig Salz, Mehl und Öl in einen Weitling geben. In die lauwarme Milch erst Germ und Honig verrühren, dann den Topfen mitschlagen und mit der Mehlmasse verrühren. Alle Zutaten zu einem Teig vermischen, zudecken und an einem warmen Ort gehen lassen, bis sich das Volumen fast verdoppelt hat. In der Zwischenzeit die Kastenform einfetten. Den aufgegangenen Teig noch einmal durchkneten und in die gefettete Form geben, mit Milch bepinseln. Nochmals ca. 30-40 Minuten zugedeckt stehen lassen. Den Gasherd auf Stufe 3, den E-Herd auf 200 Grad vorheizen. Damit das Brot schön saftig wird, sollte man ein Schälchen mit heißem Wasser auf den Boden des Backrohres stellen. Auf der unteren Einschubleiste ca. 45 Minuten schön braun backen.

Dieses Brot ist einfach zuzubereiten und lässt sich sehr gut einfrieren.

Buttermilchbrot

Zutaten:
50g Roggenkörner, 1TL Keimöl, 1 TL Meersalz, 300 g Weizenvollkornmehl, 150 g grobes Roggenvollkornmehl, 50 g Haferflocken, 50 g Hirse, 5 EL Kleie, 0,3 l Buttermilch, 200g Magertopfen, 3 Pk. Trockengerm, 1 TL Zucker, Haferflocken zum Bestreuen, etwas Mehl für die Kastenform.

Die Roggenkörner über Nacht in einer Schüssel mit Wasser aufquellen lassen, dann 15 Minuten leicht köcheln und in einem Sieb abtropfen lassen. Die Kastenform mit Mehl bestäuben. Für den Germteig die beiden Mehlsorten, Haferflocken, Öl, Kleie und Hirse daruntermischen. Die Roggenkörner leicht einstreuen. Die lauwarme Buttermilch mit Topfen, Germ und Zucker aufschlagen, zur Mehlmischung gießen und sehr gut vermischen. Den Teig mit bemehlten Händen 10 Minuten gut durchkneten und dabei öfter auf die mit Mehl bestäubte Arbeitsplatte schlagen. Den Germteig mit Mehl bestauben und 5/4 Stunden zugedeckt an einem warmen Platz gehen lassen. Nach dieser Zeit nochmals gut durchkneten und zu einer Rolle formen. Diese Rolle drückt man nun in die bemehlte Kastenform, deckt zu und lässt das Ganze wieder 50 Minuten gehen. Nicht vergessen, ein Schüsserl Wasser in das vorgeheizte Rohr stellen, das mit einer Stricknadel angestochene Brot mit Wasser einpinseln, mit den Haferflocken bestreuen und im vorgewärmten Rohr bei 200 Grad ca. 1 Stunde braun backen.

Holzhackerfrühstück mit Tomaten

Foto: Seite 22

Kartoffeln vom Vortag eignen sich für diese Speise am besten.

Zutaten:
100g gut durchwachsener Räucherspeck, 100g Zwiebeln, 500g Kartoffeln in der Schale, 1 Bund Schnittlauch, 5 Eier, Wasser, Salz und Pfeffer, 3 kleine, feste Tomaten.

Speck in kleine Würfel schneiden, Zwiebel schälen und fein schneiden. Die Kartoffeln schälen und in Würfel schneiden, Schnittlauch fein schneiden. Speck in einer großen Pfanne knusprig anbraten, Kartoffeln dazugeben und öfters wenden, bis die Kartoffeln auf jeder Seite schön braun sind. In der letzten Bräunungsphase die Zwiebeln kurz mitbraten. Eier mit Wasser, Salz und Pfeffer verschlagen. Tomaten in Scheiben schneiden, Eier über die Kartoffeln geben und bei schwacher Hitze stocken lassen. Mit Tomaten belegen und mit Schnittlauch bestreuen.

Rindfleischsalat mit Kürbiskernöl

Man nehme:
800 g gekochtes, mageres Rindfleisch, 2 Zwiebeln, Schnittlauch, Kresse, Essig, Kürbiskernöl, Salz und Pfeffer.

Das gekochte Rindfleisch in dünne Blätter schneiden, die Zwiebeln in Ringe schneiden. Die Zutaten portionsweise auf Tellern anrichten, mit Essig, Kürbiskernöl, Salz und Pfeffer marinieren. Zuletzt Schnittlauch und Kresse darüberstreuen.

Jägersuppe mit Eierschwammerln

Zutaten:
250 g Eierschwammerl, 100 g Frühstücksspeck, 2 Zwiebeln, 2 EL Butter, 2 EL Mehl, 3/4 l Rindsuppe (Würfel), 1/8 l Sherry oder Rotwein, 1/8 l Sauerrahm, 1 Prise Cayennepfeffer, 1 Bund Schnittlauch, Salz und Pfeffer.

Die Eierschwammerl putzen, waschen und abtropfen lassen. Die geschälten Zwiebeln und den Speck fein würfeln. Butter bei mittlerer Hitze hell bräunen. Die Pilze darin schwenken, bis sie duften. Dann herausnehmen, die Zwiebeln und den Speck im Bratenrückstand hell rösten und mit Mehl bestäuben, auch dieses wieder hell bräunen. Pilzwasser (wenn Sie eine Dose verwenden) oder nur Rindsuppe und Rotwein oder Sherry zugießen, gut verrühren und kurz aufkochen lassen. Pilze und Rahm zufügen, abschmecken und nochmals kurz aufkochen. Mit Schnittlauch bestreuen, mit Knäcke- oder Vollkornbrot servieren.

Specksuppe mit geröstetem Brot

Man nehme:
3 Zwiebeln, 150 g gutdurchwachsenen Speck,
0,5 l helles Bier, 1/2 Suppenwürfel, 1/8 TL Majoran,
1/8 TL Kümmel, 4 Scheiben Weißbrot, 2 EL Butter,
2 EL geschnittenen Schnittlauch, 2 EL gehackte Petersilie,
4 EL Sauerrahm, Salz und Pfeffer.

Den Speck fein würfeln, die Zwiebeln schälen und würfelig schneiden, zusammen hell und fast glasig braten. Bier und 0,5 l Wasser zugießen und den Suppenwürfel darin auflösen. Aufkochen, Majoran und Kümmel beigeben und schwach kochend garen. Brot in fingerdicke Striefen scheiden und in Butter von allen Seiten knusprig braten. In die Suppenteller verteilen und die Kräuter darübergeben. Die mit Salz und Pfeffer abgeschmeckte Suppe noch kochend über die Brot-Kräutermischung schöpfen und in die Mitte einen Löffel Sauerrahm setzen.

Herzhafte Bauernwust

Zutaten für 4 Gläser zu 1 1/2 l:
2 gehackte Kalbsknochen, 1 gehackte Schweinshaxe,
1 Tasse Suppengrün, Diätwürze nach Geschmack,
500g mageres Rindfleisch, 400g Schweineschulter,
200g Schweineleber, 200g Putenbrustfleisch,
1 und 1/2 EL Pfeffer, die Schale einer unbehandelten Zitrone, 100g Zwiebeln, 3 Knoblauchzehen, Lorbeer,
Majoran, Thymian, 2 EL Senfkörner, 1 EL Senfpulver,
2 EL Petersilie.

Kalbsknochen mit Schweinshaxe und Suppengrün in 1/2 l kaltem Wasser aufkochen und 45 Minuten köcheln lassen. Abseihen und mit Diätwürze abschmecken. Die Fleischsorten säubern und zweimal fein faschieren. Mit etwas Suppe, den Gewürzen, der Zwiebel und dem Suppengrün nochmals faschieren, kräftig abschmecken und in die vorbereiteten Gläser füllen. Im Wasserbad im Backrohr sterilisieren. Kühl und dunkel lagern. Die Wurst enthält nur 230 Kalorien je 100 g.

Hauptspeisen

Kürbis ist eines der beliebtesten Gemüse in der Steiermark und im Burgenand. In einem Gasthof in Radkersburg, in dem ich einmal übernachtete, fand ich ein sehr gutes Rezept, das die Küchenchefin mir auch mitgab:

Kroatischer Kürbis

Man nehme:
1 kg jungen Kürbis, 250 g Paradeiser, 1/2 Würfel Margarine, feingehacktes Dillkraut, 1 Knoblauchzehe, Salz und Pfeffer.

Den ungeschälten Kürbis in mittelgroße Würfel, die geschälten Paradeiser in Scheiben schneiden. Margarine in einem Reindl zerlassen, Kürbiswürfel einlegen, Paradeiser und Dillkraut daraufgeben, mit Salz, Pfeffer und Knoblauch würzen. Ganz wenig Wasser dazugießen, Kürbis auf kleiner Flamme 20-30 Minuten dünsten lassen. Nicht umrühren, sondern mehrmals gut durchschütteln. Dazu schmecken dicke Bratwürste wunderbar!

Von einem Wirt aus Kirchberg am Walde bekam ich das Rezept von einem Weihnachtsessen:

Karpfen in Rosinensoße

Zutaten:
2 junge, je 1 kg schwere Karpfen, 2 EL Essig, 30 g Rosinen, Saft einer Zitrone, 1 Zwiebel, 1 Karotte, 1 Petersilienwurzel, 100g Sellerie, 1 Gewürznelke, 3 Pfefferkörner, 0,3 l dunkles Bier, 50 g Lebkuchen, 1 Schnitte Schwarzbrot, Salz, Pfeffer und etwas Zucker, 40 g Butter.

Den Fisch waschen, abtrocknen, ca. 3 cm dicke Koteletts schneiden und mit Essig einreiben. Köpfe spalten, Kiemen entfernen. Rosinen in Zitronensaft aufkochen, Zwiebel und Gemüse schälen und würfeln. Das alles mit den Fischköpfen, den Gewürzen und dem Bier 20 Minuten kochen, durchseihen und ausdrücken. Kuchen und Brot ohne Rinde kleinschneiden, mit dem Sud verkochen, Rosinen mit Saft zufügen, die Soße mit Salz, Pfeffer und Zucker abschmecken. Koteletts nebeneinander in ein gefettetes Kochgeschirr legen, mit der Soße überziehen. Zugedeckt garen. Den Fisch anrichten, Soße mit Butter verrühren, abschmecken, darübergeben und mit Salzkartoffeln oder Kartoffelpüree servieren.

Als Getränk dazu am besten einen lieblichen Weißwein servieren.

Fastenvesper

1/2 größeren Kastenwecken (oder großflächiges Toastbrot) schneiden, 1/8 kg Butter abrühren und damit jede zweite Weißbrotscheibe bestreichen. Auf die bestrichenen Brote legt man ja 1 Blatt Emmentaler und bedeckt dieses mit einer unbestrichenen Brotscheibe. Das vorgerichtete Sandwich wird diagonal durchgeschnitten und in verquirltem Ei sowie in Brösel getaucht und in Fett schwimmend ausgebacken.
Als Beilage reicht man grünen Salat.

Leberkäsesalat

Zutaten: 400 g Leberkäse, 200g Emmentaler, 1 Zwiebel, 1 roter und 1 grüner Paprika, 4 süß-saure Gurkerl, Schnittlauch, Marinade aus Essig, Öl, 1 EL englischen Senf, Salz, Pfeffer sowie etwas Zucker.

Den Leberkäse in kleine Streifen schneiden, ebenso den Emmentaler, Zwiebel, Paprika und Gurkerl feinnudelig schneiden, auch den Schnittlauch. Aus den Marinadenzutaten eine glatte Soße anrühren, die Zutaten unterheben und im Kühlschrank einige Zeit marinieren lassen. Mit Landbrot servieren, als Getränk passt am besten Bier.

Steirischer Sterz

Foto: Seite 26

3/4 l Milch mit etwas Salz zum Kochen bringen, 0,4 l Polentagrieß einlaufen lassen, zugedeckt garen. 120 g Grammelschmalz heiß werden lassen und über den angerichteten Sterz gießen. Dazu passt grüner Salat mit Radieschen.

Erdäpfel-Eierschwammerlgulasch

Zutaten: 1/2 kg Eierschwammerl, 3 EL Öl, 100 g Butter oder Margarine, 3 Zwiebeln, 3 EL Paprikapulver, 1 frischer Paprika, 3 Knoblauchzehen, 1/2 kg Kartoffeln, 1/8 Weißwein, 1/2 l Rindsuppe (Würfel), 5 EL Sauerrahm, 2 EL Mehl, Salz, Pfeffer, einige Tropfen Maggiwürze.

Zwiebel und Knoblauch feinschneiden und in Butter anschwitzen. Paprika in Streifen schneiden und mitrösten lassen. Zur Seite stellen und nach dem Abkühlen paprizieren, umrühren, mit dem Weißwein ablöschen und mit Suppe aufgießen. Nun das Ganze kurz aufkochen lassen. Die Erdäpfel roh schälen und in Würfel schneiden, beifügen und so lange auf kleiner Flamme köcheln, bis sie weich sind. Mit Salz und Pfeffer würzen. Nun den Rahm mit Mehl abrühren und den Gulaschansatz damit binden. Die Eierschwammerl in Öl anschwitzen und wenn sie Saft lassen, sofort zum fertigen Gulasch geben. Vor dem Servieren mit ein paar Tropfen Maggi verfeinern.

Kukuruz-Pudding mit Paradeissoße

Foto: Seite 28

Man nehme:
0,5 l Milch, 1 TL Salz, 140 g Grieß, 60 g Butter, 4 EL Semmelbrösel, 2 Pfefferoni, 4 Eier, 80 g geriebener, abgelegener Gouda, 1 Dose Kukuruz (Mais), Pfeffer und Zucker.

Milch und Salz aufkochen, Grieß einrühren und rührend zu einem dicken Brei kochen. Mit Butter verrühren und unter oftmaligem Umrühren ausdampfen lassen. Eine 1 l Form (Gugelhupf) einfetten und mit Bröseln ausstreuen und kühlstellen. Die Pfefferoni putzen, entkernen, fein hacken, Eier verquirlen. Den Brei mit Eiern, Pfefferoni, Gouda und Kukuruz mischen, mit Pfeffer und etwas Zucker abschmecken. In die Form füllen und die Oberfläche glattstreichen. Die Form ins Wasserbad setzen, das bis zur Einfüllhöhe reichen soll. Den Pudding im Wasserbad, das ständig schwach perlen soll, backen, bis die Nadelprobe eine glatte Nadel ergibt. 20 Minuten ruhen lassen und erst dann stürzen.
Für die Paradeissoße 750 g Paradeiser vierteln, entkernen, zu Brei dämpfen, passieren, mit 50 g Butter aufschlagen und mit Salz und Pfeffer abschmecken. Die Soße soll weder süß noch sauer schmecken.

Majoranfleisch mit Schwammerlgröstl

Zutaten:
800 g Rindsschulter, 2 Zwiebeln, 400 g Kartoffeln, 250 g Champignons, 1/8 l Rotwein, 1/4 l Rindsuppe, Öl, 100 g Butter, Salz, Pfeffer, Majoran.

Das Fleisch würfeln, mit einer gehackten Zwiebel in heißem Öl anbraten. Mit 1/8 l Rotwein ablöschen, etwas einkochen lassen und mit Rindsuppe auffüllen, bis das Fleisch bedeckt ist. Mit Salz, Pfeffer und Majoran würzen und 25 Minuten garen lassen. 100 g kalte Butter in die Soße einrühren, damit sie sämig wird. Die Kartoffeln kochen, schälen und in Scheiben schneiden, die Champignons mit einer feingeschnittenen Zwiebel andünsten, salzen, pfeffern und mit den Kartoffeln kross rösten. Mit dem gut abgeschmeckten Majoranfleisch anrichten.

Fleischhappen

1/2 kg Faschiertes, 1 EL Paprikasalat, 1-2 geschnittene Sardellen, Schnittlauch, Salz, Pfeffer, Brösel und Butter oder Margarine.

Das faschierte Fleisch mit Schnittlauch, Sardellen, Salz und Pfeffer gut durcharbeiten und ca. 2 Stunden rasten lassen. Dann daraus tennisballgroße Kugeln formen, in Bröseln wälzen. In einer Pfanne Butter oder Margarine erhitzen und die Kugeln unter ständigem Rütteln in der Pfanne braten.

Spinat mit Krennockerln

Zutaten:
100 g Butter, 100 g Mehl, 1/2 l Milch, 1 Packerl Tiefkühl-Cremespinat, 4 alte Semmeln, 3 Eier, Milch, 2 EL Mehl, 50 g Kren, Petersilie, Salz, Pfeffer und Muskatnuss.

Eine sämig Soße aus je 100 g Butter und Mehl und 1/2 l Milch bereiten. Dem aufgetauten Cremespinat Salz, Pfeffer und geriebene Muskatnuss beifügen. Semmeln würfeln, mit den Eiern, Salz, Pfeffer, Muskatnuss und etwas warmer Milch vermengen. Den geriebenen Kren und die gehackte Petersilie nach Geschmack unterziehen. Nockerl formen und in gesalzenem Wasser ca. 10 Minuten ziehen lassen.
Dazu passt am besten mageres, gekochtes Rindfleisch oder Beinfleisch.

Truthahnbrust auf die schnelle Art

Man nehme:
1 große Zwiebel, 2 Truthahnbrüste, Salz, Paprika, Hot Ketchup, etwas Wasser oder Suppe.

Zwiebel und Fleisch nudelig schneiden und in wenig Fett anrösten. Mit Salz und Paprika würzen und das Hot Ketchup untermischen. Mit wenig Wasser oder Suppe ablöschen, so dass eine dicksämig Soße entsteht. Einmal aufwallen lassen und sofort mit Pommes frites oder Bratkartoffeln anrichten.

Damit ein junges steirisches Mädchen als Braut heiratsfähig war, musste sie erst perfekt Polenta kochen können. Das las ich in einem Buch über Heirats- und andere Bräuche.

Steirischer Polenta

Foto: Seite 30

Man nehme:
1/2 kg Polenta (Maisgrieß), 5/4 l Salzwasser, 3 EL Schmalz.

Das Schmalz in kochendes Wasser geben, den Maisgrieß unter ständigem Rühren einkochen, bis sich ein großer Klumpen bildet, der sich vom Reindl und Kochlöffel löst. Wenn alle Flüssigkeit aufgesogen ist, gibt man noch etwas Schmalz hinzu und rührt alles gut durch. Zudecken und im vorgeheizten Rohr fertigdünsten. Puddingförmchen mit kaltem Wasser ausspülen und die fertige, heiße Masse einfüllen, fest andrücken und nach den Stürzen sofort servieren.

Diese Beilage passt zu allen Ragouts aus Rindfleisch oder Schöpsernem.

Karpfen Steirisch

Zutaten:
1 Karpfen mit 1,5 kg und für die Farce 100 g Butter, 3 zerdrückte Knoblauchzehen, gehackte Petersilie- und Sellerieblätter, etwas Zitronensaft, sowie Salz und Pfeffer.

Die Rückenflossen und den Schwanz des ausgenommenen Karpfens abtrennen. Mit einer Geflügelschere das Rückgrat von innen in Portionen einschneiden, auch außen in Grätenrichtung mehrmals einschneiden. Knoblauch, Sellerieblätter und Petersilie mit Salz, Pfeffer, Zitronensaft und Butter vermengen. Nun den Karpfen innen und auf einer Seite auch außen mit der vorbereiteten Farce bestreichen, in eine Pfanne legen und die restliche Farce in die Einschnitte streichen. In mittelheißem Rohr 15 Minuten braten, dann etwas Wasser zugießen und nochmals 15 Minuten weiterbraten. Während dieser Zeit öfter mit einem Löffel den Karpfen mit dem eigenen Saft übergießen.

Palatschinke mit Faschiertem

Aus Milch, Eiern, Salz und Mehl einen Palatschinkenteig zubereiten. Für die Füllung 1 gewürfelte Zwiebel und eine Knoblauchzehe in wenig Öl andünsten. 350 g gemischtes Faschiertes dazugeben und fest anbraten. 100 g geschnittene Champignons zufügen, mit 2 EL Tomatenmark oder Hot Ketchup, Salz, Pfeffer und ein paar Tropfen Tobasco würzen. Mit 1 Schöpfer Suppe ablöschen und garen. Mit 1 Päckchen Bratensoße andicken und mit 100 g Creme fraiche verfeinern. Zum Schluss 2 EL Kräuter der Provence unterrühren.
Dann die Fülle in die frisch zubereiteten Palatschinken füllen und mit grünem Salat servieren.

Hausschmaus Guggi

Zutaten:
1/2 kg Faschiertes, 250 g Margarine, 2 Eier, 2 EL Mehl, feingeschnittene Zwiebel, Salz, Pfeffer und Schnittlauch.

Zwiebel in Margarine anlaufen lassen, Fleisch dazugeben und mitrösten. Eier und Mehl versprudeln, würzen und über das angeröstete Fleisch gießen. Gut durchbacken und dann die Masse mit einer Schaufel zerreißen und Schnittlauch darüberstreuen.

Nun zwei Torten der anderen Art:

Kohltorte

600 g Kohl putzen, vierteln und in feine Streifen schneiden. Zusammen mit einer kleingeschnittenen Zwiebel in 2 EL Öl 15 Minuten dünsten. Mit Muskat, Thymian, Salz und Pfeffer würzen, 250 g gekochten, mageren Schinken in dünne Streifen schneiden und mit 2 Eiern, 1 Eidotter, 200 g Creme fraiche und 2 EL geriebenen Emmentaler vermischen. Danach unter das Kohlgemisch mengen.
Aus 250 g Mehl, 100 g Fett, 1 Ei, 1 EL Wasser, etwas Salz einen Mürbteig kneten. Eine Tortenform damit auslegen und den Boden mehrmals einstechen. Nun die Kohlfüllung darauf verteilen und mit 3 EL grob gerissenem Käse bestreuen.
Bei 200 Grad ca. 50 Minuten backen, den Ofen abschalten und noch etwas nachziehen lassen.

Käse-Schichttorte

500 g griffiges Mehl in einen Weitling sieben, 200 g Butter oder Margarine in Flöckchen, 4 Eidotter, 5 EL Obers und 1 Prise Salz zufügen. Alles mit kalten Händen rasch zu einem festen, geschmeidigen Teig verkneten. In 4 Teile teilen und jedes Stück auf einer bemehlten Fläche ca. 8 mm dick ausrollen und nacheinander in einer Form auf mittlerer Schiene bei 200 Grad goldbraun backen.
250g Bratenreste durchfaschieren, mit 3 EL Mayonnaise zu einer Creme rühren. Mit Senf, kleingehackten Gurkerln und 3 gehackten Oliven würzen. 200 g grob geriebenen Gouda mit 120 g Mayonnaise verrühren, 2 geschälte, geraspelte Äpfel zufügen. 50 g geriebene Haselnüsse unterrühren. Mit Zitronensaft, Tomatenketchup und etwas weichem Topfen abschmecken. 200 g Tunfisch (aus der Dose) mit 2 EL Magertopfen und 120 g Mayonnaise im Mixer verquirlen. Mit Zitronensaft, Pfeffer, kleingeschnittener Zwiebel und gehackten Kapern, sowie Salz abschmecken.
Nach dem Erkalten die einzelnen Tortenböden nacheinander mit den vorbereiteten Cremes bestreichen und aufeinandersetzen.
Etwas Obers mit 250g Topfen verrühren und die Torte damit rundherum bestreichen. Mit einem Gurkerlfächer und Radieschen abwechselnd belegen.

Diese Torte ist der Hit jeder Kartenrunde.

Diabetikerspieß

Dazu brauchen Sie:
1 noch nicht ganz harte, altbackene Semmel, in Scheiben geschnitten, ca. 1 cm dicken Putenschinken, geviertelt, 3 Scheiben Paradeiser, 3 dicke Scheiben Zwiebel, 1 geviertelten Paprika, 1 1cm dicken, geviertelten Putenleberkäse, 1 geviertelten Apfel, 2 geviertelte Champignons, Salz, Pfeffer oder Paprika.

Die Zutaten gefällig auf einen extralangen Spieß oder 2 normale Spieße verteilen, salzen und mit Pfeffer oder Paprika bestäuben und grillen. Mit reichlich gemischtem Salat servieren.

Hammeltopf „Erzherzog Johann"

600 g mageres, würfelig geschnittenes Hammelfleisch wird mit Wasser gerade bedeckt zugestellt, mit dem nötigen Salz, ein paar Pfefferkörnern, 2 ganzen Knoblauchzehen, 1 kleinen Zwiebel im Ganzen und einer kleinen, geputzten Petersilienwurzel versehen und zugedeckt langsam weichgekocht. Einstweilen werden 50g Mehl in 50g Fett goldgelb geröstet, worauf man 1 gehäuften EL gehacktes, frisches Dillkraut einstreut und mit der geseihten Hammelsuppe aufgießt, so dass eine dicke Soße entsteht, die nach kurzem Aufkochen mit 1/8 l Sauerrahm verrührt wird. Zuletzt wird das Fleisch eingemischt und nochmals kurz aufgedünstet. Als Beilage wird Reis serviert.

Gefülltes Huhn auf steirische Art

Foto: Seite 34

Man nehme:
1 Poularde mit ca. 1,5 kg, 100 g Hühnerleber, 1 TL Salz, 1/2 TL Pfeffer, 2 altbackene Semmeln, 5 EL Milch, 200 g Butter, 1 Ei, 2 Eidotter, 1 EL gehackte Petersilie, geriebenes Muskat nach Geschmack, 1 EL Semmelbrösel, 1/8 l klare Suppe.

Poularde waschen, abtrocknen, innen und außen salzen und pfeffern. Leber enthauten und kleinschneiden. Semmeln würfeln und in Milch einweichen. 150 g Butter cremig rühren, nach und nach Ei, Eidotter und Leber zufügen. Dann mischen mit Petersilie, Muskat, Semmeln und Bröseln. Mit Salz und Pfeffer würzen. Das Huhn füllen und zunähen, mit 50 g geschmolzener Butter bestreichen. In der Bratpfanne auf jeder Brustseite und zuletzt auf dem Rücken je 20 Minuten braten. Oft mit dem Saft übergießen und Suppe zugeben, wenn der Boden trocken wird.
Das Huhn mit einem Messer und der Geflügelschere tranchieren, den Bratensaft aufschlagen und noch nachwürzen.

Steirisches Wurzelfleisch

Zutaten:
1 kg Bauchfleisch oder Schopfbraten, Salz, 1/8 l Essig, 1 Lorbeerblatt, 1 Stück Zimtrinde, 5 Pfefferkörner, 3 Gewürznelken, 1 Wurzelwerk, 2 Zwiebeln, frischer Kren nach Geschmack.

Die in ein Mulltuch eingebundenen Gewürze in gesalzenem, mit Essig gesäuertem Wasser aufkochen, das Schweinefleisch hineingeben und halbweich kochen. Das Wurzelwerk und die Zwiebel nudelig schneiden und über das Fleisch geben. Alles zusammen langsam weichdünsten. Das Fleisch beim Anrichten schneiden, die Suppe mit den Wurzeln darübergießen und den Kren darüberstreuen. Mit Semmelknödeln sehr heiß servieren.

Fastenspeise
aus dem Stift Vorau

Man nehme:
1-2kg Kürbis, 60g Fett, 1-2 Zwiebeln, 1 Bund Petersilie, 1 Ei, Mehl, Pfeffer, Essig, 1/4 l Rindsuppe (Würfel), 1/4 l Rahm.

Den Kürbis entkernen, halbieren und schälen. Grobnudelig schneiden und mit Salz bestreut 1/2 Stunde stehen lassen. Zwiebel und Petersilie im Fett anlaufen lassen, den Kürbis dazugeben und weichdünsten. Danach mit dem Mehl stauben, mit der Suppe aufgießen und den Sauerrahm einrühren. Zirka 10 Minuten kochen lassen und mit Salz, Pfeffer und einem Spritzer Essig würzen.

Steirisches Apfelfleisch

Foto: Seite 36

Man nehme:
400 g Schweinsfilet, eine Prise Pfeffer, 3 EL Öl, 150 g Lauch, 1 grünen Paprika, 500 g säuerliche Äpfel, 2 EL Butter, Salz, Zucker, 1 Zwiebel.

Filetsteaks mit Pfeffer in Öl einreiben, Lauch putzen, waschen und in Ringe schneiden. Äpfel schälen, vierteln und in Stücke schneiden. Butter zerlassen, Obst und Gemüse darin 2 Minuten schwenken, 10 Minuten dünsten, mit Salz und Zucker abschmecken. Zwiebel schälen und in Ringe schneiden. Die Pfanne stark erhitzen, das Fleisch unter öfterem Wenden braten, dabei nach 2 Minuten die Hitze zurücknehmen und die Zwiebelringe erst in den letzten 3 Minuten mitbraten. Das Fleisch erst nach dem Braten salzen, da es ansonsten leicht Saft lässt und trocken wird.

Kukuruznockerl

Dazu nur jungen Mais verwenden, der noch süß schmeckt. 1 Portion ist 1 Maiskolben. Die gekochten, ausgelösten Körner eines jungen Maiskolben werden mit Obers, 2 Eiern und Mehl, dem man etwas Backpulver beimengt, dickflüssig verrührt und mit Salz, Pfeffer und Muskat gewürzt. Aus dieser Masse mit zwei Esslöffeln Nockerl formen und in heißem Fett auf beiden Seiten goldbraun backen.

Steirischer Schweinebraten

aus dem Jahre 1887

Man lässt einen Schweinsschlögel in Schmalz auf kleiner Flamme dünsten, bis er halbweich ist und gibt ihn dann in die Röhre. Nun schneidet man Wurzeln von Petersilie, Sellerie, gelbe Rüben fein nudelig und lässt sie mit gewässertem Weißwein halbweich kochen. Dann gießt man das Ganze zu dem Schweinebraten und lässt es ein wenig mitdünsten, aber nicht ganz weich. Ist der Braten fertig, schneide man schöne Schnitten und gibt den Saft mit dem Wurzelwerk darüber. Als Beilage reicht man Salzkartoffeln.

Bierfleisch mit Vollkornteigwaren

Zutaten:
300 g Rindfleisch, 60 g Schinken, 1 mittlere Zwiebel, 1/4 l dunkles Bier, 3 EL Vollkornmehl, 3 EL Öl, Salz, Pfeffer, Lorbeerblatt, Thymian, Petersilie, etwas Essig und Zucker.

Gehackte Zwiebel in Öl anschwitzen, fingerdick geschnittenes Fleisch und Schinken dazugeben, rösten, stauben, mit Bier aufgießen. Mit Salz, Pfeffer, Thymian, Lorbeerblatt und Petersilie würzen. Weich dünsten und mit Essig und Zucker abschmecken.
Die Vollkornteigwaren in Salzwasser, dem Sie 1 EL Öl beigeben, kernig kochen und servieren.

Klachelfleisch

Dazu braucht man:
2 Schweinsstelzen, 300g Wurzelwerk, Salz, 1 kleines Lorbeerblatt, 4 Pfefferkörner, 4 Körner Neugewürz, 1 Messerspitze Thymian, 1/4 l Sauerrahm, 60g Mehl, Schnittlauch zum Bestreuen.

Die Schweinsstelzen auslösen und in 3 cm dicke Scheiben schneiden. Das Fleisch mit dem geschnittenen Wurzelwerk und den Gewürzen ca. 1 1/2 Stunden mit soviel Wasser kochen, dass immer alles gut bedeckt ist. Den Sauerrahm mit dem Mehl versprudeln, die Suppe damit binden und noch einmal gut aufkochen lassen. Das Fleisch in eine andere Rein umschichten und das Gemüse-Rahm-Gemisch darüberpassieren, mit Schnittlauch bestreuen und mit Salzkartoffeln servieren.

STEIRISCHE SCHMANKERL

Nachspeisen

Wer von uns kennt sie nicht, die Lust auf etwas Süßes? Wenn Sie auch nur fallweise in die Kategorie der Naschkatzen zu zählen sind, dann werden Sie trotzdem mit unseren Rezeptvorschlägen zum Thema „Nachspeisen" zufrieden sein. Besonders steirische Äpfel lassen sich hervorragend zu Mehlspeisen, Cremen und Füllungen für Strudel verarbeiten. Aber natürlich wird in folgenden Kapiteln auch noch viel mehr „Sündhaftes" angeboten.

Beerenpalatschinke

Aus Mehl, Milch, Eiern und Salz einen Palatschinkenteig zubereiten und dünne Palatschinken herausbacken. Für die Fülle 250g Beerenfrüchte nach Wahl mit 1/4 l steifgeschlagenem Obers vermischen. Mit Staubzucker und Vanille würzen. Die Palatschinken damit füllen und mit verdünnter Beerenmarmelade bestreichen.

Weinspatzen Guggi

Für den Teig nehmen Sie:
1/8 l Weißwein, 1/8 l Kaffeeobers, 3 Eier, 1/4 kg Mehl.

Dotter mit Mehl und Wein versprudeln, ca. 2 Stunden kühlstellen und rasten lassen. Dann Kaffeeobers und Eischnee unterziehen. 5 Birnen schälen und in gezuckertem Rum 5 Minuten kochen. Abtropfen lassen, in den Backteig tauchen und in Fett schwimmend ausbacken. Sofort servieren und mit Schlagobers, den Sie mit ein paar Tropfen von dem Rum, in dem Sie die Birnen kochten, beträufeln, garnieren.

Haselnusstorte Guggi

Man nehme:
200g geriebene Haselnüsse, 200g Staubzucker, 5 Eier, 3 EL Brösel, etwas Butter und Mehl.

Staubzucker und Eidotter schaumig rühren, Haselnüsse und Brösel untermengen. Dann die Eiklar zu einem steifen Schnee schlagen und vorsichtig unter die Nussmasse heben. Eine Tortenform befetten und mit Mehl ausstauben. Den Teig vorsichtig hineingleiten lassen und im Rohr bei 180 Grad ca. 1 Stunde backen. Die fertige Torte mit Marmelade bestreichen und mit Schokoglasur überziehen. Da diese Torte sehr saftig ist, sollte man keine Cremefüllung nehmen, da sie sonst überfettet schmecken würde.

Nusslikör

1l Weingeist wird mit folgenden Zutaten angesetzt:
1 Kilo grüne Nüsse werden in 4 Teile geschnitten,
20 g frischer Kalmus, ebensoviel Wermut, einige Kamillenblüten und 20 g Tausendguldenkraut, die Schale einer Orange und 30 g Enzianwurzel.

Alles kleinschneiden und in einem verschlossenen Gurkenglas 3 Monate an der Sonne stehen lassen. Dann wird 1 kg Zucker mit 1 l Wasser dickflüssig aufgekocht. Der Weingeist wird nun gefiltert und mit dem Zucker vermischt. Alle Zutaten bekommen sie in Drogerien oder Reformhäusern.
Nusslikör sollte dunkel aufbewahrt werden. Sollte kein dunkles Eckerl im Haus zu finden sein, dann sollte man den Likör in dunkle Flaschen abziehen.

Zitronenlikör

Von 8 Zitronen werden die Schalen fein geschnitten. In 1 l Weingeist werden die Schalen eingelegt, die Flasche oder das Glas fest verschlossen eine Woche stehenlassen. Dann wird in 1 l Wasser 1 kg Zucker gut gesponnen. Nach dem Abkühlen wird der gesponnene Zucker in den Weingeist gegossen, diese Flüssigkeit wird filtriert, in Flaschen abgefüllt und gut verschlossen. Man kann den Likör sofort trinken, er wird jedoch noch besser, je länger er steht.

Steirischer Hausschnaps

Foto: Seite 41

Von meiner Oma stammt das folgende Rezept: Da die umliegenden Bauern hier alle Schnaps und Korn brennen, habe ich versucht, dem garstigen Kornbrand ein wenig Geschmack zu geben. Zum täglichen Hausgebrauch lässt sich reiner Kornbranntwein kräftig und wohlschmeckend verbessern, wenn man ihn in Glasflaschen mit getrockneten Kirschen oder kleingeschnittenen, getrockneten Äpfeln vermengt, denen man jedesmal etwas Zimt und Gewürznelken beifügt. Hat man ihn dann nach drei Wochen filtriert, so kann man ihn noch mit etwas geläutertem Zucker versüßen.

Reseda Bowle

Die Blüten völlig erblüter Rosen werden trocken gepflückt, von den Stielen geschnitten, sorgfältig verlesen, in eine Porzellanschüssel gelegt, mit Weinbrand übergossen und die Schüssel zugedeckt. Nach 12 Stunden werden 3 Flaschen Wein, in dem 500g Zucker aufgelöst wurden, dazugegossen. Die Bowle wird aufs Eis gestellt und vor dem Servieren mit einer Flasche Sekt aufgegossen.

Gewürzter Rosentrank

Man nehme:
200 g stark riechende Rosenblätter, 1/2 l Korn,
1/4 kg Zucker, 1 Zimtstange, 4 Korianderkörner.

Die Blätter nur von unbehandelten, wohlriechenden Rosen verwenden, denn je duftender die Blätter, desto wohlschmeckender der Likör. Die Blütenblätter werden gewaschen, abgetropft und in eine Schüssel gelegt. Lauwarmes Wasser wird über die Blütenblätter gegossen, dann lässt man das Ganze zwei Tage stehen. Nach dieser Zeit filtriert man durch ein Tuch und setzt dem Saft den Zucker, die Gewürze und den Schnaps zu. Dann füllt man in Flaschen und lässt das Gemisch 3 Wochen stehen. Dann filtert man den Trunk, füllt wieder in Flaschen und lagert noch ein paar Wochen. Diesen altertümlichen Damentrunk können Sie noch mit 2 Tropfen Rosenöl verfeinern.

Schilchertorte Guggi

Foto: Seite 42

Zutaten:
4 Eier, 0,3 l-Glas griffiges Mehl, 0,3 l-Glas Staubzucker, 1/4l Schilcher, 5 EL Öl, 1 Pkg. Vanillezucker, 1 Pkg. Backpulver, Ribiselmarmelade zum Bestreichen und Einstreichen, Öl und Brösel für die Tortenform.

Die ganzen Eier schaumig schlagen (Handmixer). Den Zucker und Vanillezucker beigeben und 1 Minute aufschlagen. Das mit Backpulver versiebte Mehl und das Schilcher-Öl-Gemisch vorsichtig unterheben und in eine mit Öl ausgepinselte und mit Bröseln bestreute Tortenform füllen. In das auf 150 Grad vorgewärmte Rohr geben und 35-40 Minuten backen. Nach dieser Zeit mit einem Holzspieß die Garprobe machen. Noch lauwarm aus der Form lösen und erkalten lassen. Zweimal durchschneiden und mit Ribiselmarmelade füllen. Alle Teile zusammensetzen und mit Zitronenglasur überziehen.

Zitronenglasur: 125g Staubzucker und der Saft von 1 Zitrone werden mit dem Schnee von 1 Eiweiß solange vorsichtig gerührt, bis eine dickflüssige Masse entsteht und sofort auf die Torte auftragen.

Aus dem Jahre 1892 stammt folgendes Rezept eines Likörs:

Licoer mit Chocolate

1 1/2 l fuselfreier Weingeist oder ein anderer guter Branntwein wird mit guter, geriebener Chocolate vermischt, dann in eine Glasflasche gefüllt, die zugebunden 8 Tage an einem mäßig warmen Ort gestellt und mehrmals täglich aufgeschüttelt wird. Nun werden 200g Zucker in 1/2 l Wasser aufgekocht und nach dem Erkalten mit dem Vorgenannten vermischt. Wer den Likör schwächer will, füge noch etwas gesottenes Wasser hinzu. Dann filtriert man das Ganze durch ein Leinentuch und füllt in Fläschchen, die leicht im Beutel zu transportieren sind.

Ich glaube, als Beutel bezeichnete die Köchin einen Damenpompadur, der damals in Mode war.

Schilcherpudding

Foto: Seite 44

Für 6 Portionen:

Zuerst werden 6 Blätter farblose Gelatine in kaltem Wasser eingeweicht. Außerdem werden 50g Rosinen mit einem Spritzer Rum und 1 EL Schilcher aufgeweicht. Ferner benötigt man etwa 20 Stück Biskotten, sowie 100g Weintrauben. Zur Fertigstellung werden 3/8 l Schilcher mit 5 Eidottern und 150g Staubzucker vermischt, dann über einem kochenden Wasserbad dickschaumig aufgeschlagen, worauf man die eingeweichte, gut abgetropfte Gelatine zufügt und die Masse weiterschlägt, bis sie nur mehr lippenwarm ist. Wenn es soweit ist, mischt man 3/8 l steifgeschlagenes Obers, die Weintrauben und die vorbereiteten Rosinen ein. Mittlerweile wird eine passende Sturzform am Boden und Rand dicht mit Biskotten ausgelegt, die man mit Rum leicht bespritzt. Nun wird die Form mit der vorbereiteten Creme voll gefüllt und zum Stocken aufs Eis gestellt.

Der Schilcherpudding soll einige Stunden vor dem Verzehr hergestellt werden, damit sich die Biskotten gut vollsaugen können. Dann wird der Pudding gestürzt und mit steif geschlagenem Obers tüchtig aufgespritzt. Eventuell mit Weintrauben garnieren.

Früchtebrot auf steirische Art

Zutaten für 3 Brote:
500g Trockenbirnen, 250g getrocknete Feigen, 250g Zwetschken, 250g Rosinen, je 100g Zitronat und Orangeat, geschälte Mandeln, Walnüsse und Haselnüsse, 1 Pkg. Vanillezucker, 1/8 l Orangensaft, 500g Grahammehl, 250g Mehl, 2 Säckchen Trockengerm, je 50g Zucker und Butter, 0,35 l Milch, für den Teig Milch zum Bestreichen.

Birnen mit Wasser bedecken und bei schwacher Hitze quellen lassen, bis sie weich sind. Entnehmen, Feigen beifügen und quellen lassen, bis sie den Saft aufgenommen haben. Beides kleinschneiden, ebenso die Zwetschken. Die Früchte mischen mit Zitronat, Orangeat, Mandeln, Nüssen, Vanillezucker und Saft. Abdecken und beschweren. Über Nacht ziehen lassen. Aus Mehl, Germ, Zucker, Butter und Milch einen festen Germteig zubereiten. Die Hälfte des Teiges unter die Fruchtmischung kneten, 3 Laibe formen, den übrigen Teil dünn ausrollen, die Brote einzeln darin einschlagen. Oft mit der Gabel einstechen und unter einer Haube 24 Stunden gehen lassen. Dann bei 90 Grad auf der mittleren Schiene backen. Immer wieder mit Milch bestreichen, damit das Früchtebrot hellbraun und glänzend wird.

Mariazeller Brot

140g Staubzucker, 4 gut abgerührte Eidotter, 140g geriebene Mandeln, etwas Zitrone, Gewürznelken und gemahlener Zimt, ferner 140g Mehl und der Schnee von 4 Eiklar werden auf einem Nudelbrett zu einem Teig verarbeitet und ca. 5mm dick ausgewalkt. Blätter in Spielkartenformat ausschneiden, auf Oblaten legen, mit Ei bestreichen und nicht zu heiß backen.

Steirischer Apfelstrudel

Foto: Seite 46

Man gibt in einen Weitling 40g Germ, 280g Butter, 280g Mehl, 1 Ei, 1 EL Zucker und 1/2 Eierschale voll Schilcher, knetet das Ganze mit einer großen Fleischgabel tüchtig durch, schüttelt es dann solange fest durcheinander, bis es einen festen Knödel bildet und lässt es über Nacht an einem kühlen Ort stehen. Zum Gebrauch walkt man alles so wie Butterteig der Größe des Backbleches entsprechend durch, schneidet es der Länge nach in die Hälfte, gibt in der Mitte eines jeden Teiges die Apfelfülle hinein, schlägt jeden Teil für sich über die Äpfel zusammen und bäckt den Strudel schön hellbraun.
Apfelfülle:
1 kg Reneten (saure Apfelsorte) wird grob mit der Schale, aber ohne Kerngehäuse, gehobelt und mit Staubzucker, Vanillezucker und Rahm oder Joghurt zu einer dicken Masse verbunden.

Steirische Putitze

Foto: Seite 48

Zutaten für 6 Portionen:
20 g Germ, 1 P. Vanillezucker, 8 EL lauwarme Milch, 300g Weizenmehl, etwas Salz, 1 Ei, 130 g Butter, 30g Staubzucker, 100 g Kristallzucker, Zimt, 4 EL süßer Rahm.

In einer Teigschüssel werden 20 g Germ, 1 TL Vanillezucker und 4 EL lauwarmer Milch aufgelöst und 15 Minuten warmgestellt. Danach fügt man 300 g Weizenmehl, 1 Prise Salz, 1 Ei, 40 g zerlassene Butter, den Rest des Päckchens Vanillezucker, 30 g Staubzucker und soviel lauwarme Milch hinzu, dass ein mittelfester Teig entsteht. Dieser wird auf dem Brett geknetet und nach 15 Minuten Rasten zu einem 8 mm dicken Rechteck ausgerollt. Die Teigfläche betropft man mit 50 g warmer, zerlassener Butter, streut 100g Kristallzucker und viel Zimt darüber und rollt alles wie einen Strudel ein. Die eher dicke Strudelschlange wird mit der Naht nach unten in eine gefettete Backpfanne U-förmig eingelegt. Wenn die Putitze mit einem Tuch bedeckt an einem warmen Ort um die Hälfte höher aufgegangen ist, betropft man sie mit 40g warmer, zerlassener Butter und 4 EL süßem Rahm. Danach wird die Putitze im mittelheißen Rohr ca. 50 Minuten goldbraun gebacken, noch heiß zweimal gestürzt, so dass die Backoberseite wieder nach oben zu liegen kommt und sofort mit Zimtzucker stark bestreut. Erst nach dem Erkalten aufschneiden und zu Tisch bringen.
Putitzen werden in der Steiermark nicht nur zum Kaffee gegessen, sondern auch zu Glühwein.

Maschanskakoch

1 kg Maschanskaäpfel werden geschält, in die Hälfte geschnitten und das Kerngehäuse entfernt. Dann werden die Äpfel in wenig Wasser mit Zucker und Zimtrinde halbweich gedünstet und ohne Saft in eine bebutterte Auflaufform eingelegt. 80g Butter werden mit 80g Zucker flaumig gerührt, nach und nach mit 3 Eidottern, 80g geriebenen Mandeln und dem Schnee von 3 Eiklar vermischt. Das Gemisch wird über die Äpfel gegeben und das Ganze im Rohr langsam gebacken. Vor dem Servieren wird die Mehlspeise mit Zucker bestreut.

Schilchersülze

Man spinnt 140g Zucker, seiht ihn durch ein Tuch in eine Schüssel und vermischt ihn lauwarm mit 250g Gelatine und 1/4 l Schilcher. Mohr-im-Hemd-Förmchen werden mit kaltem Wasser ausgeschwemmt, dann füllt man die heiße Masse ein, lässt sie im Eiskasten stocken und taucht die Förmchen vor dem Servieren kurz in heißes Wasser. Nach dem Stürzen in die Öffnung in der Mitte der Förmchen Preiselbeermarmelade einfüllen und zu Wildbraten mit Serviettenknödeln servieren

Gebackener Kürbis

Das reife Kürbisfleisch wird mit kochendem Wasser angesetzt und 1/2 Stunde lang gekocht. Dann gießt man die Brühe ab und presst die Masse durch einen Durchschlag. Nun rührt man 1/4 kg in Milch aufgeweichte Semmeln mit 70g Butter über dem Feuer ab, fügt, wenn dies kalt ist, 8 Eier, 1 Teller voll Kürbis, etwas Zucker, einige geriebene Mandeln und 60g Semmelbrösel dazu, gibt die Masse in eine gefettete Form und lässt sie backen. Dieses Rezept ist für 6 Personen berechnet.

Hirsepudding mit Kompott

Zutaten:
200g Hirse, 1/2 l Orangensaft, 4 Eier, 3 EL Honig, 250g fetter Topfen, 3 EL geriebene Mandeln, Butter für die Form, etwas Brösel.

Die Hirse mit dem Orangensaft aufkochen und ca. 20 Minuten nachquellen lassen. 4 Eidotter mit 3 EL Honig schaumig aufschlagen. Den Topfen und den kalten Hirsebrei beigeben. Die Mandeln unterheben und abschmecken. Die 4 Eiweiß steifschlagen und unter die Masse mengen. In eine ausgefettete und mit Bröseln ausgestreute Puddingform füllen. Im Wasserbad garen und mit Kompott anrichten.

Und nun noch ein Getränk meiner Großeltern:

Sermeth

Man nimmt auf 5 l Wasser 2 kg Honig, siedet dies gut 3 Stunden lang und schäumt gut ab, fügt 40g Hopfen dazu und kocht noch einmal 1/4 Stunde. Dann lässt man es 24 Stunden ruhen, füllt es in ein großes Gefäß und gibt 0,3 l Weingeist dazu. Bis die Gärung vorüber ist, nur mit einem Leinentuch abdecken. Wenn die Gärung vorüber ist, zieht man in Flaschen ab, die man nun gut zustoppelt.
Sermeth ist erst nach 1 Jahr Lagerung trinkfertig, also brav warten!

Holunderblütenlikör

Foto: Seite 90

Zutaten:
2 l Wasser, 1 Zitrone, 1 kg Zucker, 1/8 l Essig, 6 Dolden Holunder, 1/3 l 80%igen Ansatzkorn.

Die Holunderdolden in den Ansatzkorn legen, der mit der Zitrone vermischt wurde und 14 Tage an einem dunklen Ort ruhen soll. Nach diesen 2 Wochen aus den übrigen Zutaten einen Sirup kochen und mit dem geseihten Ansatz vermengen, in Flaschen füllen und ca. 2 Monate nachreifen lassen. Die Holunderblüten können nach dem Vermischen wieder zugesetzt werden, um einen optischen Effekt zu erzielen.

Gemüseauflauf

Ein Reindl mit Butter ausschmieren und den Boden mit blättrig geschnittenen Erdäpfeln belegen. Dann kommt eine Lage blättrig geschnittener Tomaten, dann eine Lage nudelig geschnittener Karotten, dann eine Lage nudelig geschnittener Fisolen, dann eine Lage Kohlsprossen und schließlich wieder eine Schicht Erdäpfel. Jede Lage wird gesalzen und mit Butterstücken belegt. Dann wird etwas Wasser oder Suppe zugegossen und im Rohr wird das Ganze dann zugedeckt langsam weichgedünstet.

Gebackener Kohl

Große Kohlblätter werden nur wenig gekocht, so dass die fest bleiben und sich wickeln lassen. Aus 6 EL gekochtem Reis und ebenso vielen Champignons (auch aus der Dose, falls Sie keine frischen zur Hand haben), Salz und Paprika bereitet man die Farce, die man auf die Kohlblätter streicht. Dann rollt man diese zusammen und paniert sie in Mehl, Eiern und Bröseln. In Fett schwimmend ausbacken.

Krautknödel

Man gibt etwas Mehl auf eine Nudelbrett, dazu 1/8 kg kleingehacktes Sauerkraut, 1 Ei und Salz und arbeitet diese Masse gut ab, formt Knödel daraus und lässt diese in gesalzenem Wasser 1/4 Stunde lang kochen. Als Beilage eignet sich am besten Salat, Sie können diese Knödel aber auch als Beilage zu Fleisch servieren.

Karfiolauflauf

Einen gekochten Karfiol legt man in eine Auflaufform und gibt folgende Fülle darüber: Aus 2 EL Fett und 2 EL Mehl bereitet man eine lichte Einbrenn, welche man mit 1/8 l Rahm verrührt und auskühlen lässt. Dann vermengt man diese mit 3 Eidotter, 3 EL geriebenen Parmesan und dem Schnee von 3 Eiklar. Mit Salz und Pfeffer würzen. Nun schüttet man das Gemisch über den Karfiol und lässt den Auflauf im Rohr ca. 1/2 Stunde lang backen.

Orangenblütenlikör

Zutaten: 50 g Orangenblüten, 1 l hochprozentiger Alkohol, 300 g Zucker, 1/2 l Wasser.

Lassen sie die Orangenblüten 4 Tage lang in Alkohol ziehen. Dann filtern Sie die Mischung und fügen den in Wasser aufgelösten Zucker hinzu. Füllen Sie den Likör in Flaschen. Wenn Sie ihn eines Tages "freigeben", wird der Blütenduft das ganze Haus durchziehen.

Ein Tip: Orangenblüten vom Urlaub im Süden in einem Plastikschälchen in der Kühltasche mit nach Hause bringen!

Champignons Guggi

30 Stück gleichmäßig große Champignons werden mit 1/2 Tasse Suppe (ev. Würfel) und 2 EL Zitronensaft weich gedünstet. Dann vermengt man die Champignons mit fein geschnittener Petersilie, 2 kleingeschnittenen Zwiebeln, 3 EL Semmelbrösel, 3 EL Öl, 1 TL Salz, etwas weißem Pfeffer und gleichviel Muskatnuss. Diesen Abtrieb gibt man in eine gefettete Auflaufform, gießt 3 EL Sauerrahm darüber und bäckt es im Rohr ca. 15 Minuten und serviert sofort.

Tomatenauflauf

Foto: Seite 88

Man nehme: 1 1/2 kg Tomaten, 2 Zwiebeln, 3 Eier, Salz, 1/4 l Sauerrahm, 4 EL geriebenen Käse.

Die in Scheiben geschnittenen Tomaten werden abwechselnd mit feingehackter Zwiebel in eine gut befettete Auflaufform gegeben. Salz, Eier, Käse und Sauerrahm verrühren und über die Tomaten verteilen. Im Backrohr bei mittlerer Hitze die Eier zum Stocken bringen. Vor dem Servieren mit Schnittlauch bestreuen.

Sauerampfersuppe

Sie brauchen: 2 EL Mehl, 2 EL Butter, 2 Handvoll Sauerampfer, 1 1/2 l Suppe, 1/8 l Schlagobers, 3 Eidotter, Salz, weißen Pfeffer, Muskatnuss.

Aus Mehl und Butter eine Einbrenn bereiten, den Sauerampfer dazugeben, umrühren, mit Suppe aufgießen, salzen und mit Muskat abschmecken. Das ungeschlagene Obers mit den Eidottern verrühren und in die fertige Suppe einrühren. Als Suppeneinlage eignen sich geröstetes Brot oder kleine Nockerl.

Hollerblütenessig

Zutaten: 1/2 l Essig, 3 Dolden Hollerblüten.

Die groben Stengel der Hollerblüten entfernen, in ein großes Glas mit Schraubverschluss geben und mit dem Essig bedecken. Das Gemisch ca. 5 Wochen in einem warmen Raum ziehen lassen, filtrieren und in eine Flasche füllen.

Löwenzahnblütenlikör

Man nehme:
50 Blüten vom Löwenzahn, 1/2 l Weingeist, 1 l Wasser, 200 g Zucker.

Alle Zutaten in eine weithalsige Flasche füllen und 4 Wochen ziehen lassen. Dann filtrieren und in Flaschen abfüllen. Die Blüten können auch im Likör belassen werden.
Dieser Likör, in eine schöne Flasche gefüllt, ist ein hübsches Geschenk!

Fliederbrei

Sie benötigen: 600 g Fliederbeeren, 150 g Zucker, Biskotten, Schlagobers.

Die im Herbst reifen Beeren werden gewaschen, entstielt und im eigenen Saft zu Brei gekocht und gezuckert. Kompottschalen werden mit Biskotten ausgelegt, mit Brei aufgefüllt und kaltgestellt. Vor dem Servieren mit Schlagobers und einer halben Biskotte garnieren.

Fichtenwipferlgeist

Foto: Seite 86

Man nehme:
3 Handvoll junge Fichtenwipferl, 6 Wacholderbeeren, ein ca. 5 cm langes Stück Kalmuswurzel, 1 l Weingeist, 700 g Zucker, 3/8 l Wasser.

Die im Frühling frischen Fichtentriebe (Wipferl) werden gepflückt und gewaschen. Man gibt sie anschließend mit der Kalmuswurzel und den Wacholderbeeren in ein großes Gurkenglas oder eine Ansatzflasche und übergießt alles mit Weingeist. Das Gefäß wird nun 14 Tage an die Sonne gestellt. Nun fügt man den Zucker dazu und lässt das Ganze nochmals 8-10 Tage stehen. Nach Ablauf der Zeit kann in Flaschen abgefüllt werden.
Sie haben damit einen Hustensaft zubereitet, der garantiert hilft!

Anmerkung:
Durch das Entfernen der jungenTriebe wird das Wachstum der Bäume verzögert. Aber bitte nicht in den Wald gehen und freilebende Fichten beschneiden, das wäre Waldschaden und wird bestraft.

Rosenliqueur aus 1843

Man destilliert in einem Marienbade (über Dampf) 1/2 kg Rosenblätter in einen Liter Weingeist und erhält daraus einen sehr wohlriechenden Likör. Fügt man dazu eine mehr oder minder große Quantität Zucker, so wird daraus der so beliebte Damenlikör, der unter den Namen “Huile des roses”, “Huile de Venus” oder “Huile d´amour” in der ganzen Welt berühmt ist.

Schlüsselblumenwein

Zutaten:
400 g Schlüsselblumen, 4 l kochendes Wasser, 1 1/2 kg Zucker, Saft von 3 Zitronen, 2 EL destilliertes Wasser, 1 TL Edelhefe, 20 g Bäckerhefe.

Die Blüten mit dem kochenden Wasser überbrühen, 20 Minuten ziehen lassen, durch ein Mulltuch abgießen und fest auspressen. Den Zucker im heißen Sud lösen. Zitronensaft und in destilliertem Wasser gelöste Edelhefe einrühren. Ist das Wasser fast abgekühlt, die Bäckerhefe hineinbröckeln. In eine große Flasche oder einen Ballon gießen. Mit einem Mulltuch verschließen, warm stellen und gären lassen. Hört die Gärung auf, wird der Wein in kleinere Flaschen abgefüllt.
Anmerkung: Blüten und Blätter müssen unbehandelt sein. Je nach Dickflüssigkeit des Likörs den Zucker aufkochen lassen.

Brennnesselspinat

Zutaten: 1 kg Brennnesselspitzen, 1 Zwiebel, Fett, Salz, Zitronensaft, Knoblauch nach Geschmack.

Die Brennnessel waschen und ca. 2 Minuten kochen, abseihen und passieren. Die feingeschnittene Zwiebel in Fett glasig rösten, etwas stauben, die passierten Brennnessel zugeben und mit dem Kochfond oder Suppe aufgießen. Salz, Zitronensaft und Knoblauch nach Geschmack beigeben.

Brennnessellaibchen

Foto: Seite 84

Man nehme:
300 g Brennnesselblätter, 3 Semmeln, Milch, 40 g Fett, 1 Zwiebel, 1 Ei, Mehl, Salz, Pfeffer, Muskatnuss, Fett zum Ausbacken.

Die Brennnesselblätter waschen, mit heißem Wasser überbrühen und abtropfen lassen. Die feingeschnittene Zwiebel in Fett anrösten, die Semmeln in Würfel schneiden und mit Milch übergießen. In einem Weitling die geröstete Zwiebel, die feingehackten Brennnesseln, die ausgedrückten Semmeln, sowie alle anderen Zutaten zu einer Masse verkneten und nach Geschmack würzen. Kleine Laibchen formen, in Mehl wenden und in Fett ausbacken.

Fliedermilch

Man nehme:
5-6 saubere Fliederblätter, 3/4 l Milch, 1 TL Maizena, 2 Eidotter, 1/4 l kalte Milch.

Die Fliederblätter legt man in 3/4 l kochende Milch und lässt sie ca. 20 Minuten ziehen. Dann entfernt man die Blätter und verrührt den Sud mit dem Gemisch aus 1/4 l kalter Milch und Maizena, sowie den Eidottern. Bei Bedarf noch nachsüßen und kalt servieren.

Schafgarbensekt

In 5 l Wasser werden 300 g Zucker, 1-2 unbehandelte, in Scheiben geschnittene Zitronen, 1/8 l Weinessig und 10-15 Dolden Schafgarbenblüten für einen Tag angesetzt. Das Ganze sollte mehrmals gut durchgerührt werden. Nach einem Tag wird durch ein Leinentuch abgegossen und auch gleich in Flaschen abgefüllt. Dafür eignen sich am besten alte Sektflaschen, die mit einem dafür geeigneten Stöpsel verschlossen werden. Die Flaschen kommen zum Reifen in den Keller. Nach 5-7 Wochen ist der Sekt trinkfertig.

Rosensuppe

Zutaten:
1 Handvoll unbehandelte Rosenblätter,
1 Handvoll unbehandelte Marillenblätter,
1/4 l Milch, 3 Eidotter, 2 EL Mehl.

Die gewaschenen Rosen- und Marillenblätter werden in Milch gekocht, geseiht und mit dem Eigelb und dem Mehl püriert. Dann gibt man die Milch wieder dazu und lässt das Ganze unter ständigem Rühren kurz aufkochen.

Pilze auf ungarische Art

Foto: Seite 82

Zutaten:
1 kg beliebige Pilze (Herrenpilze, Eierschwammerl, Champignons), 100 g Butter, 2 Zwiebeln, 1/2 TL Paprika, Salz, 1 EL gehackte Petersilie, 3/4 l saurer Rahm, 1 EL Mehl.

Die Zwiebel fein schneiden und in der Butter goldbraun anlaufen lassen. Die Pilze putzen, waschen, in Scheiben schneiden und zu den Zwiebeln geben. Salzen, Paprika und Petersilie hinzufügen und alles zusammen weichdünsten. Gegen Ende der Garzeit den mit dem Mehl verquirlten sauren Rahm dazugeben und nochmals 5 Min. kochen. Mit Spiegeleiern und gerösteten Weißbrotscheiben anrichten.

Weinkartoffeln

Die Kartoffeln werden gekocht (je nach Größe 3-4 St. Pro Portion) und geschält. Man bereitet eine Soße aus 1 EL gehacktem Schnittlauch, 1 El gehackter Petersilie, 1 El Mehl, Salz, Pfeffer und Butter. Aus allen Zutaten eine Einbrenn bereiten, mit 1/4 l leichtem Weißwein und Wasser oder Suppe aufgießen. Die Kartoffeln in die fertige Soße geben, einige Minuten ziehen lassen und entweder als Hauptspeise mit Brot oder als Beilage zu gekochtem Rindfleisch servieren.

Löwenzahnsalat mit Ei

Man nehme:
3 Handvoll Löwenzahnblätter, 3 hartgekochte Eier, 3 Schnitten Toastbrot, 2 EL Öl, 2 EL Essig, 2 EL Wasser, Salz und Senf.

Die gewaschenen Löwenzahnblätter und die Eier grob hacken. Eine Soße aus Essig, Öl, Senf und Wasser anrühren und mit Salz abschmecken. Über den gehackten Löwenzahn gießen und gut vermischen. Das Toastbrot in Würfel schneiden, in etwas Butter anrösten und mit den gehackten Eiern über den Löwenzahn streuen.

Breitwegerichgemüse

Zutaten:
300 g Breitwegerichblüten (Vogelwürstel), 1 Zwiebel, 2 Knoblauchzehen, 1/8 l Wasser, 1 EL Butter, Salz und Pfeffer.

Die Breitwegerichkolben waschen und die Stengel abschneiden. Die feingeschnittene Zwiebel mit dem gehackten Knoblauch in Butter glasig rösten, die Kolben und Wasser dazu geben und nicht zugedeckt weichdünsten. Ist die Flüssigkeit eingekocht, nach Geschmack mit Salz und Pfeffer würzen.

Schnittbohnen in Flaschen

Foto: Seite 80

Frisch geschnittene, junge Bohnen werden sofort ungewaschen in weithalsige Flaschen gefüllt. Die Flaschen sollten öfters fest geschüttelt werden. Sobald alle Flaschen gefüllt sind, werden sie luftdicht verschlossen und an einem kühlen Ort aufbewahrt.
Bei Gebrauch kann man dann die Bohnen wie frische behandeln.

Kochen mit Pflanzen

Pflanzen sind sehr gesund, sie enthalten viele Vitamine und Nährstoffe, sowie Spurenelemente. Die "grüne" Küche, wie jede Art der Gemüsezubereitung genannt wird, setzt sich in den letzten Jahren immer mehr durch. Und das nicht nur unter Vegetarieren, sondern auch in der "Durchschnittsküche". Die Gründe dafür liegen auf der Hand: Gemüse ist gesund, beinahe fettfrei und liegt nicht schwer im Magen. Ihr Cholesterinspiegel wird es Ihnen danken, wenn sie hie und da - und vielleicht immer öfter - pflanzliche Kost servieren. Ich möchte Ihnen im folgenden Abschnitt einige außergewöhnliche Pflanzenrezepte verraten.

Not macht erfinderisch!
Wir hatten eines Tages einen Gast im Wirtshaus, der Junggeselle war, im Schichtbetrieb arbeitete und von mir praktisch rundum versorgt wurde. Eines Abends so gegen 23 Uhr kam er direkt von seiner Schicht zu uns und bestellte einen Bauernschmaus. Aber zu meinem Schreck musste ich feststellen, dass ich kein Kraut fertiggekocht hatte. Was tun?
Ich erfand eine schnelle Beilage, mein

Pusstakraut

Foto: Seite 78

Dazu nahm ich 3 Scheiben Speck und 1 Zwiebel, röstete beides kleingeschnitten an, gab eine Handvoll geschnittenen Pusstasalat dazu, würzte mit einem Hauch Cayennepfeffer und 2 EL Salatsaft, den ich mit 2 EL Rahm versprudelte. Das Ganze ließ ich 2 Minuten aufkochen. Mit dem entschuldigenden Hinweis, dass nur mehr Pusstakraut da sei, servierte ich den Bauernschmaus. Dieses Kraut schmeckte unserem Gast so gut, dass er es vor allen anderen Gästen überschwänglich lobte. Seit damals stand der Begriff "Pusstakraut" als Beilage auf unserer Speisekarte.

Magenbitter

Man nehme:
0,7 l Alkohol, 75 g Kandiszucker, 50 g Rosinen, 8 g Kümmel, 8 g Sternanis, 8 g Ingwerpulver, 8 g gemahlene Muskatnuss, 25 g Nelken.

Die Gewürze werden zerstoßen, in eine Flasche gefüllt und mit dem Alkohol übergossen. Man lässt die Flüssigkeit 3 Wochen lang an einem warmen Ort stehen und schüttelt sie täglich. Dann lässt man sie nochmals 3 Tage stehen, ohne sie zu schütteln. Anschließend gießt man sie durch einen Filter, füllt sie in Flaschen und lässt sie 2-3 Monate ruhen.
Dieser Magenbitter schmeckt würzig und wirkt obendrein noch heilend bei Magenbeschwerden.

Kerbelschnaps

Eine Handvoll frischen Kerbel (am besten in den Sommermonaten gepflückt) wird in eine weithalsige 1 l Flasche gelegt und mit 1 l Schnaps übergossen, so dass er gut bedeckt ist. Nach einiger Zeit an der Sonne filtert man durch ein Tuch und füllt in Flaschen ab.
Dieser Schnaps besticht durch seine kräftig grüne Farbe und durch seinen Anisgeschmack. Kerbelschnaps gewinnt mit längerer Lagerung an Aroma und kann beliebig mit Sodawasser verdünnt werden.

Kräutersuppe

Foto: Seite 76

Man nehme:
5 Handvoll Kerbel, 2 Handvoll Sauerampfer, 2 EL Butter, 1 l Suppe, 2 Eidotter, 1/4 l Sauerrahm, etwas Mehl.

Kerbel und Sauerampfer werden fein gehackt, in Butter gedünstet, mit Mehl gestaubt, mit Suppe aufgegossen und kräftig gekocht. In einem Suppentopf verrührt man die Eidotter mit dem Sauerrahm und gießt die kochende Suppe darüber. Als Einlage passen Schneenockerl dazu.

Anislikör

Zutaten:
40 g frisch zerstoßene Anissamen,1g Zimt,500 g Zucker, 1l klaren Schnaps (38%ig).

Man schüttet Anis, Zimt und Zucker in den Alkohol und lässt ihn ungefähr 6 Wochen lang ziehen. Dann gießt man das Ganze durch einen Filter. Anislikör sollte kühl und trocken aufbewahrt werden.
Dieser Likör, nach den Mahlzeiten getrunken, ist eine Wohltat für die Verdauung, er beseitigt das unangenehme Völlegefühl nach allzu reichlichem Essen und stärkt den Kreislauf.

Zwiebelcremesuppe

Man nehme:
700 g Zwiebeln, 70 g Speck, etwas Salz und Zucker, 1 EL Öl, 40 g Mehl, 1/2 l Suppe, 1/8 l Milch, 1/8 l Obers, 2 Eidotter, weißen Pfeffer.

Zwiebeln und Speck nudelig schneiden und glasig anschwitzen, mit Mehl stauben und mit Suppe aufgießen, ca. 15 Minuten kochen lassen. Mit dem Pürierstab kräftig durchmixen. Milch, Eigelb und Obers verrühren und in die vom Herd genommene Suppe einrühren, nicht mehr kochen! Mit Salz, Pfeffer und etwas Zucker den Geschmack verfeinern.

Zwiebelschnaps

Zutaten:
1/2 l Alkohol, 1/2 l abgekochtes Wasser, 500 g Zwiebel, 50 g Wacholderbeere, 5-6 große Knoblauchzehen.

Alles wird im Mixer sehr fein zerkleinert, mit dem Alkohol in ein großes Glas gegeben und 8 Tage stehen gelassen. Diese Mixtur seiht man durch ein Sieb, dann noch durch einen Kaffeefilter und wiederholt diese Prozedur solange, bis keine Restbstände mehr zu sehen sind. Gegen Durchblutungsstörungen sollte man jeden Abend ein Gläschen von diesem Schnaps trinken!

Diätaufstrich

Foto: Seite 74

150 g passierten Magertopfen mit 50 g Diätmargarine, etwas Salz und gehacktem Schnittlauch zusammen gut abrühren und mit etwas Joghurt cremig lockern. Diese Grundmasse kann entweder als Diätaufstrich pur auf Schwarzbrot genossen werden oder sie bildet die Basis für viele andere Aufstriche, die trotzdem kalorienarm sind.

Bierlikör

Dazu nehme ich:
2 l dunkles Bier, 1 kg Zucker, 2 Vanillestangen, 1 kleines St. Ingwerwurzel, die man fein reibt, die sehr dünn abschnittene Schale 1/2 Zitrone, 1 1/4 l Alkohol.

Das Bier wird, so erstaunlich es auch klingen mag, gekocht und der Zucker darin solange verrührt, bis er sich ganz gelöst hat. Dann gibt man die aufgeschnittenen Vanillestangen, den Ingwer und die Zitronenschale dazu und lässt es nochmal etwa 15 Minuten leicht köcheln. Dann abkühlen lassen und mit dem Alkohol vermischen. Filtrieren und in Flaschen abfüllen.

Paprikalikör

200 g Paprika setzt man in 3 l Weinggeist an und lässt ihn 3 Monate lang gut verkorkt oder verschraubt an einem dunklen Ort liegen. Nach dieser Zeit gibt man noch 1 kg aufgelösten, gesponnenen Zucker und 1 l weißen Tischwein dazu, der vorher erhitzt wurde.

Kochen mit Kräutern

Immer mehr Menschen vertrauen heutzutage auf die Heilkraft von Kräutern. Dass diese aber nicht nur zu medizinischen Zwecken verwendet werden, sondern auch in der Küche wieder verstärkt Zugang gefunden haben, zeigt der Trend zur gesunden Küche. In vielen Diäten wird empfohlen, statt mit Salz mit Kräutern zu würzen, da dies besser für den Blutdruck ist. Außerdem unterstreichen Kräuter den natürlichen Geschmack aller Speisen wesentlich.
Auch ich besitze einige Rezepte für sehr gute Speisen, deren Basis Kräuter oder Gewürze sind.

Hier eine Auswahl meiner besten:

Zigeuneraufstrich

Foto: Seite 72

1 kleine Zwiebel, 1/2 grünen Paprika, 1 EL Senf, 1 EL Hot Ketchup, 1/2 Peperoni im Mixer grob pürieren, mit Salz, Pfeffer und Rosenpaprika abschmecken. Einen Abtrieb von 1/4 kg Margarine oder Butter und 1/4 kg Topfen zubereiten und mit den Zutaten in eine Schüssel geben. Mit dem Handmixer fest verrühren. Nach Geschmack vor dem letzten Aufrühren etwas zerdrückten Knoblauch zugeben. Besonders gut schmeckt dieser Aufstrich mit Salzstangen oder Schwarzbrot.

Honigwein – Met

Dazu brauchen Sie:
2 l Honig, 7 l Wasser, 20 g getrockneten Hopfen, 2 Zitronen in Scheiben geschnitten (samt Schale), 1 Zweigerl Rosmarin.

Alle Zutaten miteinander aufkochen. Den Hopfen und die Zitronen in ein Mulltüchlein binden. Gut umrühren und nach dem Aufkochen in weitrandige Flaschen oder Krüge füllen, jedoch handbreit freilassen, damit der Wein gut gären kann. Nicht verschließen, nur abdecken! Bei Zimmertemperatur 4-5 Wochen stehenlassen, bis der Honigwein nicht mehr gärt. Dann den Met in Flaschen füllen, aber nicht zu fest verschließen.

Weinbrandkirschen

Schöne Herzkirschen werden sauber mit einem Tuch abgewischt, jedoch nicht entstielt und in weithalsige Flaschen oder Gläser eingefüllt. Für 1 kg Kirschen nimmt man 1 l Weinbrand und läutert mit 1 kg Zucker und etwas Zimtrinde. Die abgekühlte Mischung gießt man nun über die Kirschen, verschließt die Flaschen und bewahrt sie an einem kühlen Ort auf.

Nun zu einer wahren Kalorienbombe:

Türkische Apfeltorte

Man braucht dazu:
500 g Würfelzucker, 1 kg Äpfel, 2 Zitronen, 1 Orange, 100 g Mandeln, 100 g Zitronat, 50 g Quittenkäse, 6 St. Nüsse, 250 g Staubzucker und etwas Rahm für die Glasur.

Würfelzucker mit 3 dl Wasser spinnen, dann die ungeschälen, blättrig geschnittenen Äpfel dazugeben. Unter ständigem Rühren so lange kochen, bis die Äpfel ganz zerfallen und einen dicklichen Brei bilden. Schale und Saft von Zitronen und Orangen, die geschälten, stiftlig geschnittenen Mandeln, das würfelig geschnittene Zitronat sowie den Quittenkäse und die nudelig geschnittenen Nüsse dazumengen. Die Tortenform mit Pergamentpapier auslegen, die Masse hineindrücken und beschweren. Nach 24 Stunden das Papier abnehmen, die Torte noch einige Stunden trocknen lassen und mit einer Glasur aus Staubzucker, Rahm und Rum oder mit Fondant überziehen.

Pfirsichlikör Guggi

Foto: Seite 70

1 kg Pfirsiche werden samt Schale kleinwürfelig geschnitten, mit dem in ein Teesieb gegebenes Inneres zweier Pfirsichkerne in ein Gurkenglas geleert. Dann wird mit 1 l Ansatzkorn aufgefüllt, verschlossen und 3 Wochen dunkel gelagert. Nach dieser Zeit kocht man 300 g Honig mit 200 g Zucker, einigen Safranfäden und 1 l Wasser gut auf. In die noch warme Honiglösung wird der Pfirsichkorn beigemengt. Der Likör wird sofort durch ein Tuch gefiltert und in Flaschen gefüllt, die man fest verschließt und an einem kühlen, dunklen Ort aufbewahrt.

Apfelpudding

2 Eier mit 1/4 l Milch, 4 EL Mehl, etwas Salz, 2 EL Zucker und 10 geschälten, in Scheiben geschnitten, mit Zucker bestreuten Äpfeln vermengen. Die Masse in eine gut befettete Form füllen und 1 1/4 Stunden lang im Dunst kochen. Mit gekochtem Wein, der gezuckert und gewässert wurde, zu Tisch bringen.

Apfelknöderl

Foto: Seite 68

10 schöne Äpfel braten, passieren, 70 g Butter mit 3 Dottern und 70 g Zucker flaumig rühren, 70 g Brösel, 20 g geriebene Mandeln, die abgriebene Schale einer 1/2 Zitrone, die passierten Äpfel und 3 Klar Schnee mischen. Kleine Knöderl in gezuckerten und kochenden Wein einlegen und 10 Minuten kochen lassen.

Zwetschkenkuchen

Belegen Sie ein Kuchenblech mit Strudelteig, den Sie fertig gekauft oder selbst gemacht haben und belegen Sie diesen dicht mit entkernten Zwetschken. Dann rühren Sie 250 g Butter, 250 g geriebene Mandeln, 150 g Zucker und 6 Eier gut ab und gießen Sie diese Masse über die Zwetschken. Im vorheizten Backrohr solange backen, bis die Stichprobe mit der Stricknadel trocken bleibt.

Aus Dänemark kommt dieses Rezept einer

Apfelsuppe

Dazu brauchen Sie:
1/2 kg Äpfel, 20 g Maizena, Zucker nach Geschmack und 3 Scheiben Zwieback.

Die Äpfel waschen, vierteln, vom Kerngehäuse befreien, aber nicht schälen. In 1 l Wasser weich kochen und dann passieren. Die Apfelmasse aufkochen lassen und das in wenig Wasser angerührte Maizena langsam dazugießen, 5 Minuten kochen. Die Suppe danach mit etwas Zucker abschmecken und heiß zu Tisch geben. Kurz vor dem Anrichten mit dem zerbröckelten Zwieback bestreuen.

Apfelauflauf mit Eierguss

Man nehme:
8 saftige Äpfel, Frivissa, 3 Eier, 6 EL Zucker, 3 EL Mehl, 3 EL gemahlene Haselnüsse, 1/2 l Milch.

Die Äpfel schälen, vierteln, das Kerngehäuse entfernen und die Apfelstücke in eine mit Frivissa gefettete Auflaufform legen. Die Eier in Dotter und Klar trennen. Die Dotter mit dem Zucker schaumig rühren. Das Mehl, die Haselnüsse und nach und nach die Milch daruntermischen. Die Eiklar steif schlagen, einen Teil unterheben und den Rest über am Teig liegende restliche Äpfel verteilen. Bei mittlerer Hitze ca. 30-40 Minuten backen. Anstelle der Äpfel können Sie auch Birnen verwenden.

Kalter Früchtereis

Foto: Seite 66

Man nehme:
150g Reis, 3/4 l Milch, 150 g Zucker, 5 Blätter Gelantine, 3/8 l Schlagobers, Früchte nach Saison.

Den Reis mit Milch und Zucker langsam kochen. In den noch lauwarmen Reis gibt man die aufgelöste Gelantine, mischt kräftig durch und lässt das Ganze erkalten. In die kalte Reismasse rührt man das fest geschlagene Obers vorsichtig unter. Die Masse füllt man in kleine, vorher mit kaltem Wasser ausgespülte Formen, deren Böden mit Früchten ausgelegt wurden. Die gefüllten Formen werden für ca. 2 Stunden kaltgestellt. Vor dem Servieren auf Teller stürzen und mit Schlagobers und Früchten garnieren.

Rhabarbersuppe Guggi

Zutaten:
350 g Rhabarber, 1/3 l Apfelsaft oder Apfelwein, 1/3 l Wasser, 20 g Maizena, 2 EL Weintrauben, 2 EL Schlagobers, etwas abgeriebene Zitronenschale und etwas Zucker oder Süßstoff für Diabetiker.

Den feingeschnittenen Rhabarber mit der Zitronenschale in Wasser aufkochen lassen und mit Maizena eindicken. Mit Apfelsaft auffüllen und mit Zucker oder Süßstoff nach Geschmack würzen. Nach dem Erkalten die Weintrauben und das ungeschlagene Obers unterrühren und kalt servieren.

Birnenauflauf

Zutaten:
5 große, reife Birnen, 1/2 l Milch, 1/2 l saurer Rahm, 1 P. Vanillezucker, 275 g Zucker, 6 ganze Eier und 2 Eidotter.

Die Birnen werden geschält, in Scheiben geschnitten und in eine mit Butter gefettete Auflaufform gegeben, Zucker und Vanillezucker in der Milch aufkochen und abkühlen lassen. Dann die geschlagenen Eier und Dotter und zuletzt den Sauerrahm zugeben. Diese Masse über die Birnen gießen und stocken lassen. Nicht mehr kochen!

Apfelkardinal

Etwas 20 Äpfel - eine Mischung von guten Sorten - werden in feine Scheiben geschnitten und mit 4-5 Flaschen Weißwein, etwas Zimtrinde und der Schale einer Zitrone vermengt und mehrere Tage lang zugedeckt stehen gelassen. Danach wird die Flüssigkeit durch ein Tuch gegossen, nach Geschmack geläuterter Zucker und ein Glas Vanillelikör hinzugetan und das Ganze serviert.

Nun zur Bewältigung eines Problems, das immer kurz nach dem 6. Dezember auftrat: Als meine Kinder noch klein waren, gab es zu Nikolo immer Unmengen von Erdnüssen, die ich dann meist einzeln aus meinem Hochflorteppich holen musste. Ich kam dann auf die Idee, süße Kekse aus Erdnüssen herzustellen. Diese wurden von meinen Kindern bald so geliebt, dass sie sofort nach Nikolo freiwillig alle Erdnüsse ablieferten, um die guten Kekse zu bekommen. Und mein Teppich blieb auch sauber!

Erdnusskonfekt

Dazu nehme ich:
150 g Milchschokolade, 150 g Bitterschokolade, 70 g Nutella, 380 g braunen Zucker, 300 g Erdnüsse, 80 g Cornflakes und etwas Staubzucker.

Die Schokolade in kleine Stücke brechen und im Wasserbad zergehen lassen. Das Nutella, den Zucker, die Erdnüsse und die Cornflakes untermischen. Kleine Häufchen auf ein befettetes Backblech geben und erkalten lassen. Zum Schluss mit Staubzucker bestreuen.

Erdnuss-Kekse

Zutaten für ca. 100 Stück: 1/4 kg Erdnüsse, 400 g Mehl, 200 g Butter, 200 g Zucker, etwas Salz, 1/2 TL gemahlener Ingwer, 4 Eidotter und der Abrieb einer Zitrone.

Die Erdnüsse mahlen. Das Mehl, die geschnittene Butter, Salz, Zucker, die Eidotter, das Ingwerpulver und die Zitronenschale zu einem glatten Teig verarbeiten, in Folie einschlagen und im Kühlschrank ca. 1 Stunde rasten lassen. Anschließend zu Keksen in verschiedenen Formen verarbeiten. Auf ein ungefettetes Backblech legen und bei stärkerer Hitze ca. 15 Minuten backen. Die fertigen Kekse verschiedenartig glasieren und mit Erdnusshälften oder kandierten Früchten belegen.

Zwetschkensuppe

Foto: Seite 64

Man nehme:
300 g entkernte Zwetschken, 1/2 l Wasser, 1 EL Butter, 250 g Brösel aus geriebenen Biskotten, 3-4 l leichten Weißwein, 250 g Zucker, Zimt.

Die Zwetschken mit dem Wasser, der Butter und den Bröseln weichkochen, mit dem Mixer pürieren und mit dem Wein, Zucker und etwas Zimt aufkochen lassen. Die Suppe kann warm oder kalt mit Zwieback serviert werden.

Ein Geheimrezept für kalte Tage ist mein

Pfirsichpunsch

Foto: Seite 62

Dafür eignen sich am besten die oft sehr unansehnlichen, aber dafür besonders geschmacksintensiven Weingartenpfirsiche, die ein intensives Aroma haben. Auch hinter meinem Haus steht ein Baum mit Weingartenpfirsichen, dessen Früchte ich am liebsten zu Pusch verarbeite.
Nach dem Pflücken entkerne ich die Früchte und lege sie in ein großes Gurkenglas. 1 kg Pfirsiche, 2 kg Zucker, 2-3 aufgeschlagene Pfirsichkerne und soviel Weingeist, um alles zu bedecken werden eingefüllt. Dann lasse ich das Gemisch solange stehen, bis der Zucker zergangen ist und die Früchte matschig sind, das dauert 2-3 Monate. Anschließend durch ein Leinentuch seihen und in Flaschen abfüllen.
2 l Eistee-Pfirsich mit 3 Gewürznelken und einem Stück Zimtrinde aufkochen lassen und nach dem Erkalten mit 1/4 l Fruchtgeist mischen. An Winterabenden wärmen (nicht mehr kochen!!) und trinken.

Dieser Punsch passt sehr gut zu einem kalten Abendessen.

Marillenlikör

6 vollreife Marillen werden mit 1 l Korn 6 Wochen lang angesetzt. Es schmeckt noch besser, wenn auch noch 1-2 aufgeschlagene Marillenkerne mit angesetzt werden. Das Aroma dieses Likörs hängt ganz besonders vom Reifegrad der Früchte ab. Deshalb sollte man nur ganz ausgereifte Früchte verwenden, eventuell schon etwas weiche und dunkelorangefarbene. Nach dem Filtern und Abfüllen sollte der Likör einige Wochen im Keller oder zumindest an einem kühlen, dunklen Platz lagern.

Vor einigen Jahren war der Apfelkorn als "Modegetränk" praktisch überall erhältlich. Auch ich habe ein sehr gutes Rezept dafür:

Apfelkorn

In 1 l Korn werden 3 Äpfel samt Schale hineingeschnitten. Das Kerngehäuse wird jedoch vorher entfernt. Das verschlossene Glasgefäß anschließend 4 Wochen lang an einem warmen Ort stehenlassen. Danach wird filtriert und in Flaschen abgefüllt. Der Apfelkorn sollte eine schöne, hellgoldene Färbung aufweisen.

Kochen mit Früchten

Viele Menschen haben einen eigenen Garten mit Obstbäumen oder -sträuchern. Oder Sie kennen zumindest jemanden, der Ihnen gerne gratis oder sehr günstig Äpfel, Birnen, Zwetschken, Marillen, Pfirsiche, Kirschen oder Weichseln überlässt. Was tun mit all den vitaminreichen Köstlichkeiten? Nun, wenn man sich am frischen Obst satt gegessen hat, kann man all diese Früchte einfrieren und bei Bedarf Köstlichkeiten daraus "zaubern".

Im folgenden Teil des Buches verrate ich Ihnen schmackhafte Gerichte aus frischen oder aufgetauten Früchten, die schnell zubereitet werden können und sehr gesund sind.

Marillenauflauf

Foto: Seite 60

10 Marillen werden geschält, von den Kernen befreit, geschnitten, dann in etwas Wasser und Wein weich gedünstet und mit dem Mixer püriert. Das Marillenmus, das recht dick sein soll, wird nun mit 140 g Zucker, welcher mit 6 Eidottern recht schaumig gerührt wurde und 3 EL Mehl gut gemischt. Anschließend wird der steifgeschlagene Schnee von 6 Eiklar leicht hineingerührt, die Masse in eine mit Butter bestrichene Form gefüllt und der Auflauf etwa 1/2 Stunde lang bei mittlerer Hitze gebacken, bis er oben gelb und schön aufgegangen ist. Dann oben aus der Form lösen, herausstürzen und mit Zucker bestreuen.

Zitronenkoch

150 g Zucker oder Süßstoff mit 150 g Butter und abgeriebener Zitronenschale flaumig abtreiben. 5 Dotter und 150 g gebrühte, geriebene Mandeln und zuletzt Schnee von 5 Eiklar leicht einrühren. 1 Stunde im Dunst kochen.

Dieses Gericht hat nur wenig Kalorien, besonders wenn sie statt der Butter Margarine verwenden. Der Geschmack ist jedoch nicht so fein.

Kochen mit Beeren

Beeren sammelt man entweder im eigenen Garten, pflückt sie im Wald oder auf Feldern, verarbeitet sie gleich oder friert sie ein, damit man in der kalten Jahreszeit auch etwas Frisches anzubieten hat. Aus ihnen kann man Liköre machen, Schnäpse brennen,
Marmeladen zubereiten oder einfach Eis oder köstliche Nachspeisen zaubern.
Frische Fruchtdesserts sind der perfekte Schlusspunkt einer reichlichen Mahlzeit. Besonders wenn diese aus Beeren hergestellt werden, sind sie immer sehr erfrischend, leicht und vitaminreich. Im folgenden Kapitel verrate ich Ihnen meine liebsten Rezepte aus Hollunder, Erdbeeren, Brombeeren, Kaffeebohnen (die ja auch als Beeren wachsen) und vieles mehr.

Hagebuttenmarmelade

Für diese sehr gesunde und vitaminreiche Marmelade brauchen Sie 1/2 kg Hagebutten, 1/4 kg Zucker und 1 Stück Ingwerwurzel.

Die Hagebutten werden von ihren Kronen befreit und mit einem Messer vorsichtig entkernt. Mit Wasser, Zucker und den in kleine Stückchen geschnittenen Ingwer kocht man die Beeren unter ständigem Rühren, bis die Marmelade fein und nicht mehr wässrig ist.

Vogelbeergelee

Vogelbeeren werden gerebelt, in Weißwein gekocht und abgeseiht. Den Saft wiegen und gleichviel Zucker nehmen. Auf 500 ml Saft den Saft 1/2 Zitrone nehmen, mit dem Zucker zu Gelee einkochen lassen und noch heiß in Gläser abfüllen und gut verschließen.

Heidelbeersuppe

1 Liter verlesene Heidelbeeren werden mit 1/4 l Rotwein, 1 St. Zimtrinde und Zucker nach Geschmack ca. 1 Stunde lang leicht geköchelt. Die Suppe mit gerösteten Schwarzbrotwürfeln anrichten. Sie kann warm oder kalt gegessen werden, letzteres eignet sich besonders für sehr heiße Sommertage.

Rosinenlikör

Für zwei Liter Likör brauchen Sie:
1/2 Kilo Rosinen, 150 g weißen Kandiszucker,
1 1/2 l Korn, 8 Eidotter und 1/4 l Schlagobers.

Die Rosinen zusammen mit dem Kandiszucker in ein gut verschließbares Glas geben. Mit dem Korn auffüllen, bis alle Rosinen drei Finger breit bedeckt sind. Dann lassen Sie das Ganze solange stehen, bis die Rosinen schön prall sind und der Zucker sich aufgelöst hat.
Zwischendurch die Flasche hin und wieder schütteln, damit alles gut vermischt wird. Die Rosinen und den Alkohol im Mixer pürieren und durch ein Sieb in ein anderes Gefäß gießen. Mit dem gesäuberten Mixer nun die Eier mit 4 EL Zucker und dem Schlagobers auf hoher Stufe mindestens 8 Minuten aufschlagen, bis die Masse sehr dick und schaumig geworden ist. Unter ständigem Rühren das Rosinenpüree daruntermischen.
Dieser Likör ist sehr delikat, sollte jedoch im Kühlschrank aufbewahrt werden, da er nicht sehr lange haltbar ist.

Holunderlikör

Foto: Seite52

Zutaten:
1 kg Holunderbeeren, 1 l Alkohol, 250 g Zucker,
3/4 l Wasser.

Die Holunderbeeren werden verlesen, gewaschen und abgetropft. Dann zerdrückt man sie und füllt sie zusammen mit dem Alkohol in ein weithalsiges Glas. Dieses stellt man für sieben Wochen an ein sonniges Plätzchen, bis die Farbe ausgezogen ist. Dann filtert man den Saft. Den Zucker kocht man in zirka einem dreiviertel Liter Wasser auf und erzeugt durch längeres Kochen eine Art Sirup. Diesen mischt man mit dem Hollersaft. Das Gemisch wird in Flaschen gefüllt und möglichst lange an einem dunklen Ort stehengelassen.

Brombeerlikör

1 kg Brombeeren kalt waschen, nach dem Abtropfen in ein verschließbares Glasgefäß füllen und mit 1 l Korn übergießen. Der Ansatz wird an einen warmen Ort gestellt, wo er für 8 Wochen stehen bleibt. Wöchentliches Durchschütteln ist zu empfehlen. Nach dieser langen Stehzeit wird abgezogen und filtriert. Wurden für den Ansatz nur sehr reife Früchte verwendet, so müsste der Likör nun süß genug sein.
Die ausgelaugten, aber noch alkoholhaltigen Früchte können Sie zum Garnieren von Mehlspeisen, Eis oder Pudding verwenden, oder sie kommen in einen Rumtopf.

Nun ein köstliches Dessert aus Brombeeren, das besonders bei Kindern sehr beliebt ist:

Topfen-Brombeerauflauf

Foto: Seite 54

Sie brauchen für diesen Auflauf:
200 g Butter, 200 g Topfen, 4 Eier, 4 EL Zucker,
4 EL Semmelbrösel und eine Handvoll Brombeeren.

Die Butter mit dem passierten Topfen sehr gut abtreiben, viermal hintereinander 1 Ei und 1 EL Zucker dazurühren und zuletzt die Semmelbrösel sowie die Brombeeren hinzufügen. Die Masse in eine gebutterte und gebröselte Auflaufform geben und bei mittlerer Hitze goldbraun backen.

Erdbeerchaudeau

Das Rezept ist für vier Personen gedacht: Der steife Schnee von zwei Eiweiß wird mit 30 g Zucker nochmals sehr steif geschlagen. Dann rührt man 2 Eidotter mit 120 g Zucker und einem Spritzer Weißwein sehr schaumig, würzt mit dem Saft einer _ Zitrone einen EL Weinbrand und mischt 150 g grob durchgehackte Erdbeeren ein. Nun wird auch der steife Schnee eingemischt und der rohe Eierschaum in einer Schüssel angerichtet. Darüber streut man eine Handvoll Erdbeeren und trägt den Schaum mit Biskotten auf.

Heidelbeerwein

1 1/2 kg Zucker werden in 3 1/2 l Wasser aufgelöst. Die Zuckerlösung wird gemeinsam mit 1 1/2 l Heidelbeersaft in ein Gefäß gegeben und mit einem Mulltuch verschlossen bei einer Temperatur von 20-25 Grad C aufgestellt. Nach der Gärung und dem Absetzen der Trübstoffe wird der nun fertige Wein gefiltert und in Flaschen gefüllt. Einige Wochen im Keller oder an einem anderen dunklen, kühlen Ort nachreifen lassen.

Hagebutteneis

Man nehme:
1/2 kg Hagebutten, 200g Staubzucker, 2 EL Vanillezucker,
200 g Kristallzucker, 1/2 l Wasser, Saft von 2 Zitronen

Die Hagebutten werden gewaschen, von den Kernen befreit und weich gekocht. Die weichgekochten Früchte werden durch ein Sieb passiert und mit Vanillezucker und Staubzucker verrührt. Der Kristallzucker wird mit 1/2 l Wasser zur Perle gesponnen und mit dem Saft von 2 Zitronen vermengt. Alles gut durchrühren, in kleine Förmchen füllen und im Tiefkühlfach ca. 1 Stunde frieren lassen. Vor dem Servieren auf Dessertteller stürzen und mit Schlagobers dekorieren.

Statt eines herkömmlichen Rumtopfes mache ich auch gerne einen Erdbeer-Rumtopf, weil er reiner und eindeutiger im Geschmack ist.

Hier das Rezept:

Erdbeer-Rumtopf

Zutaten: 1kg Erdbeeren, 300g Zucker, 1 Fl. Rum

Frische Erdbeeren werden gewaschen und entstielt, anschließend die getrockneten Früchte mit dem Zucker vermischen. Einen Rumtopf oder ein großes Gurkenglas mit den gezuckerten Früchten füllen und mit Rum aufgießen, so dass die Flüssigkeit gut 1 Finger breit über den Erdbeeren steht. Den Topf mit Folie verschließen und mit einem Teller beschweren. Dunkel und kühl abstellen. Wöchentlich kontrollieren, ob die Früchte gären. Ist das der Fall, dann die Gärung durch Zuckerzugabe stoppen. Nach 6 Wochen kann man den Topf öffnen und den Inhalt verkosten. Ein Rumtopf kann mehrere Monate lang aufbewahrt werden.

Erdbeerlikör

Foto: Seite 56

Zutaten: 1 kg Erdbeeren, 1 l Weingeist, 250 g Zucker, 4 Erdbeerblätter, 1,1 l Wasser.

Die Erdbeeren werden gesäubert und zerdrückt. Das Mus gibt man zusammen mit dem Weingeist in Flaschen, die man 4 Wochen lang in der Sonne stehen lässt. Man fischt dann die zugestetzten Erdbeerblätter heraus. Inzwischen hat man aus dem Wasser einen Sirup gekocht, den man dem Erdbeersaft beimischt. Dieser köstliche Likör hält sich jahrelang.

Hollunderbeeren sind überaus reich an Vitamin B, außerdem Provitamin A und Vitamin C. Früher sagte man, ein Hollerstrauch im Garten erspare einem die Apotheke.

Hollerwein

500 g abgezupfte Hollunderbeeren, 4 l Wasser, 2 1/2 kg Zucker, 1/2 Würfel Bäckerhefe, 1 Scheibe Weißbrot.

Die Beeren mit dem Wasser aufsetzen, 15 Minuten kochen, erkalten lassen und durch ein Mulltuch abseihen. Den Zucker einrühren und eine Stunde leicht kochen und danach auskühlen lassen. Die Bäckerhefe und das Weißbrot dazugeben und mit einem Mulltuch verschlossen gären lassen. Nach 4 Tagen abseihen und weiter gären lassen. Hört der Ansatz zu gären auf, wird der Wein in saubere Flaschen gefüllt und kühl gelagert.

Kaffeeauflauf

Foto: Seite 58

Zutaten:
100 g Butter, 80 g Mehl, 1/4 l Milch, 1/4 l schwarzer Kaffee, 150 g Zucker, 7 Eidotter, Eiklar von 7 Eiern, Butter für die Auflaufschüssel.

Eine lichte Einmach aus Butter und Mehl wird mit Milch und starkem Kaffee aufgegossen und auf dem Feuer solange gerührt, bis der Teig glatt ist. Nach dem Erkalten werden Zucker, Dotter und der Schnee aus dem Eiklar damit vermengt, und diese Masse wird in einer befetteten Auflaufschüssel im mäßig heißen Rohr gebacken.

In einem Kochbuch aus dem Jahre 1840 entdeckte ich einmal ein ausgezeichnetes Rezept unter dem Namen

Damentrunk

Man nehme:
70 g geriebenen Bohnenkaffee, 3/8 l heißes Wasser, 150 g Staubzucker, 1/4 l ungeschlagenes Obers, 1/4 l Alkohol.

Der Kaffee wird mit dem Wasser überbrüht, durchgeseiht und der Staubzucker beigefügt. Wenn der Kaffee erkaltet ist, wird 1/4 l ungeschlagenes Obers und zuletzt der Alkohol zugesetzt. Dann kann der Trunk sofort serviert werden und ist einmal etwas anderes für den Kaffeeklatsch! Das Getränk ist im Kühlschrank 2-3 Tage haltbar, verliert aber an Geschmack.

Nicht nur für Damen ist dieser sehr feine

Kaffeelikör

Dazu braucht man:
300 g geriebenen Bohnenkaffee, 2 1/2 l Wasser, 1 Messerspitze Natron, 1 3/4 kg Zucker, 1l Weingeist, 25 g Vanilleessenz (aus der Apotheke).

Der Kaffee wird mit dem Wasser abgebrüht, eine Messerspitze Natron wird vorsichtig darübergestreut. Das ganze lässt man ca. eine 3/4 Stunde stehen. Dann gießt man die Flüssigkeit durch ein Tuch, fügt den Zucker bei und lässt alles 20 Minuten kochen. Zu der ausgekühlten Flüssigkeit gibt man den Alkohol und die Vanilleessenz. Dieser Likör sollte mindestens 6 Wochen lagern, bevor man ihn trinkt.

Für 'Eilige empfehle ich ein Dessert, das schnell zubereitet werden kann und besonders gut schmeckt:

Kaffeebombe

1/2 l Schlagobers und 1/2 Mokkatasse schwarzen Kaffee in eine in Wasser geschwenkte Bombenform füllen und für ca. 1 Stunde in die Kühltruhe oder ins Gefrierfach Ihres Kühlschranks legen. Die Bombe vor dem Öffnen unter der Wasserleitung abspülen.

Spitzwegerichsalat mit Edamer

Foto: Seite 92

Man nehme:
300 g Edamer, 1 Zwiebel, 150 g Spitzwegerichblätter, 4 EL Öl, 1 EL Essig, 1EL Zitronensaft, 2 EL Wasser, Salz, Zucker und Pfeffer.

Käse und Zwiebel fein nudelig schneiden. Spitzwegerich waschen und dick nudelig schneiden. Aus den übrigen Zutaten eine Marinade rühren, mit Salz, Zucker und Pfeffer nach Geschmack würzen.

Spitzwegerich-Apfelsalat

Man nehme:
5 Äpfel, 2 Handvoll Spitzwegerichblätter, 1 Zitrone, 50 g gehackte Mandeln, 3 EL Schlagobers, 3 EL Apfelsaft, 1 TL Öl, 1 TL Obstessig, etwas Zitronensaft, Salz und Honig.

Die Äpfel waschen und in dünne Scheiben schneiden. Mit dem Saft einer Zitrone beträufeln, Spitzwegerich waschen und abtropfen, dann in Streifen schneiden. Aus den übrigen Zutaten eine Marinade rühren und mit Salz und Honig süßlich abschmecken.

Waldviertler Weißkraut

Zutaten:
1 Häuptel Weißkraut von ca. 1 1/2 kg, 50 g Fett, 1 große Zwiebel, Wasser, 1 Ei, Essig, 1/8 l Wein, 1 großer, geschälter Apfel, 2 EL Mehl, Zucker nach Geschmack.

Zubereitung: Den Kohl von den groben Blättern und dem Strunk befreien und feinnudelig schneiden. Im Fett dünstet man die feingeschnittene Zwiebel glasig, gibt das Kraut dazu und dünstet es solange, bis es zusammenfällt. Mit Wasser, etwas Essig und Wein ablöschen. Den feingeschnittenen Apfel dazugeben und weichdünsten. Ist die Flüssigkeit eingekocht, streut man etwas Mehl darüber, würzt mit Salz und Zucker und lässt das Kraut noch einmal kurz aufkochen.

Kraut salzt man erst am Ende der Garzeit, da es sonst zum Weichwerden länger braucht.

STEIRISCHE SCHMANKERL

VORSPEISEN

HAUPTSPEISEN

NACHSPEISEN

... UND G´SUNDE KÖSTLICHKEITEN

KOCHEN MIT BEEREN

KOCHEN MIT FRÜCHTEN

KOCHEN MIT KRÄUTERN

KOCHEN MIT PFLANZEN